ADÉLAÏDE DE MERAN.

ADÉLAÏDE DE MÉRAN.

PAR PIGAULT-LEBRUN,

MEMBRE DE LA SOCIÉTÉ PHILOTECHNIQUE.

TOME TROISIÈME.

PARIS,

N. BARBA, LIBRAIRE,

AU PALAIS ROYAL, DERRIÈRE LE THÉATRE
FRANÇAIS, N° 51.

1815.

ADÉLAÏDE DE MÉRAN.

CHAPITRE PREMIER.

On a pu le prévoir.

Jamais, t'ai-je dit, Claire, mes yeux ne se reporteront sur ces caractères de désolation et d'effroi. Une force irrésistible m'entraîne à mon secrétaire; je reprends la lettre fatale; j'en pèse les circonstances, les moindres expressions. Elle allume ma colère; elle excite ma pitié; je suis maintenant le jouet de toutes les passions.

Le malheureux! il a voulu que je crusse qu'il était étranger au crime, qu'il était loin de le prévoir. Ah! il a tout senti, tout jugé d'avance. Il a voulu succomber; il a péri; il m'a entraînée dans l'abîme.

Homme de mauvaise foi, n'avais-tu pas lu ce que j'écrivais de cette fille à madame de Villers? Ne devais-tu pas craindre ces agrémens, ces qualités brillantes, auxquelles tu savais qu'on ne résiste pas? Tu t'es rendu au premier mot de ton oncle; tu t'es laissé conduire chez madame de Valny; tu t'es empressé d'y retourner.

Tu attribues ta perte à un malheureux livre! Excuse frivole, misérable, inadmissible. Une femme se baisse devant toi, et le souvenir de quelques charmes, aperçus à la dérobée, te poursuit jusque dans ton sommeil! Déjà l'infidélité était commise; elle était au fond de ton cœur.

Tu as des sens, dis-tu, eh! n'en ai je pas aussi, et ont-ils jamais parlé pour un autre que toi? La force que ton sexe s'attribue, ne doit-elle pas lui rendre la victoire plus facile ? N'avez-vous pas, au moins, les mêmes moyens que nous de résister ? Dis qu'il te fallait des plaisirs. Ingrat, tu as pu les goûter, lorsque tu me savais malheureuse, souffrante, pleine de ton image et d'amour !

Tu passes les jours entiers auprès de l'enchanteresse. Elle te marque des regrets de sa conduite passée; elle exprime le désir de se fixer; aussitôt ton amour-propre jouit; ton imagination s'allume. Tout en elle, t'écries-tu, *tout est grâce et volupté*. Méchant, aurais-tu rien vu de tout cela, si tu n'avais cessé de m'aimer ? Il y avait des jeunes gens au château d'Apremont. J'aurais pu en remarquer quelqu'un, aussi intéressant que toi peut-être, et meilleur sans doute : je ne leur ai pas accordé un regard; j'aurais cru te faire un larcin. Mes désirs, mes vœux, mon cœur, mes pensées, tout était à toi, exclusivement à toi, et tu me trahissais !

Tu conduis cette femme à une noce ! Tu oses valser avec elle, et me peindre les sensations que tu as éprouvées ! Ignorais-tu que la valse est fille de la licence ? Et que devais-tu penser d'une femme qui faisait battre *son cœur contre le tien, dont le sein effleurait ta poitrine, dont la main caressante errait sur toute ta personne ? Il aurait fallu être un ange pour lui résister !* Eh ! qui t'obligeait à soutenir un combat inégal ? Perfide, il fallait fuir. Il en était temps encore.

Elle était vierge, dis-tu ? Est-il possible d'avoir tous les vices ? Le libertinage est le seul qui lui manquait. L'insensibilité, la dissimulation, l'astuce, la perfidie, la cruauté, ne suffisent-elles pas pour déshonorer une femme ?

Tu gémis maintenant, tu te déses-

pères, tu ne meurs pas. Eh pourquoi le coupable mourrait-il ? Vis pour souffrir et me regretter. Ai-je pu mourir, moi, qui suis innocente, et qui pouvais espérer de voir finir mes douleurs ?

Tu me parles de ton amour ! Eh ! que m'importe maintenant que tu m'aimes ou non ? Eteins cet amour, si vraiment il t'en reste quelque chose : il te rendrait plus malheureux, sans adoucir mon sort, et j'ai encore la bonté de te plaindre.

Tu veux que je me taise avec madame de Villers ! Hé, pourquoi ? mon amie ignorerait-elle quelque chose ? Où chercherai-je des consolations, si ce n'est dans son cœur ? *La réputation de ta femme*, perfide ! en a-t-elle une à perdre ?

Claire, cette fille a senti la nécessité de former un établissement qui, sans la rétablir dans l'estime de tout le monde, la rendît en quelque sorte indépendante de l'opinion. Elle a tout calculé, tout préparé; elle avait marqué le moment de la défaite de M. de Courcelles. Elle ne l'aime pas, elle le trompe, elle l'a trompé jusque dans ses bras, elle sera son fléau.

Oh! s'il était vrai que la figure enchanteresse de M. de Courcelles, que son doux sourire, sa voix pénétrante pussent agiter pour la première fois le cœur de cette femme! Si elle se pénétrait de cette vérité, qu'épouser un homme, c'est se charger du soin de son bonheur, je lui pardonnerais ses intrigues, sa bassesse. Mais lui!... Claire, lui!... Non, je ne peux lui pardonner.

Oh, mon amie, quel cœur il a déchiré! tu y as toujours lu comme moi-même; tu en connais les replis les plus cachés : il est inutile que je m'étende sur ce sujet.

Mon père a senti hier une légère indisposition, qui semble prendre aujourd'hui un caractère plus sérieux. Jérôme est allé à Tarbes chercher un médecin.

Je me suis établie dans la chambre de M. de Méran. Je suis bien faible encore ; mais je m'empresse de lui rendre tout l'intérêt, tous les soins qu'il m'a prodigués.

MM. d'Apremont et des Audrets sont venus le voir aujourd'hui. Je me suis félicité de ce qu'ils étaient deux : il est des choses dont on n'aime pas à parler devant un tiers : aussi M. d'Apremont ne m'a rien adressé de particulier. J'ai plusieurs fois surpris dans les yeux de des Audrets...... Hé, que m'importe comment un homme me regarde ? Je le méprise, il ne peut être dangereux pour moi : maman me l'a dit.

Le médecin est arrivé ; il a trouvé de la fièvre au malade, il présume que cela n'aura pas de suite ; il a cependant prescrit quelques remèdes : il doit revenir demain.

Mon père a exigé que je me retirasse à dix heures du soir. Je ne me sens pas en état de résister à des fatigues soutenues, et j'ai cédé. Pourquoi me suis-je rendue? A quoi désormais peut me servir la vie?

Claire, ma bonne amie, la nuit a été mauvaise, très-mauvaise; la fièvre a considérablement augmenté. Jeannette m'a dit en confidence qu'il y a eu du délire. Ce matin maman a voulu m'interdire l'entrée de la chambre de mon père : j'ai résisté à ses prières, à ses ordres; j'ai repris la place que m'ont marquée la nature et le devoir.

M. d'Apremont est revenu; il était seul. Il a parlé avec éloge de ma persévérance, de mon active sollicitude. Quelles femmes a-t-il donc vues, si le respect et l'amour filial lui paraissent des qualités?

J'entends une voiture... C'est le médecin... Je cours au-devant de lui. Je lui rends ce que m'a dit Jeannette, ce qu'elle a cru devoir cacher à maman. Je l'observais en lui parlant : j'ai surpris un mouvement de tête, qui n'annonce rien de bon.

Il est monté; il a examiné le malade; il a écrit. Il nous a ensuite priées, maman et moi, de passer avec lui dans une chambre voisine. Là, il nous a déclaré que la maladie est inquiétante, et qu'il est prudent de nous éloigner. M'éloigner de mon père malade ! Qui donc prendra soin de lui? Des étrangers? Je ne le souffrirai pas. Pourquoi exposerait-on Jeannette plutôt que moi? Qui l'oblige au sacrifice de sa vie ? Elle y tient par l'amour et le bonheur ; la mienne ne peut être qu'une longue suite de peines. Puissé-je la perdre, en remplissant le plus sacré des devoirs !

La discussion a été longue et vive. Je ne sais si mon père a entendu quelque chose; mais quand j'ai repris ma place près de lui, il a avancé la main; il a rencontré la mienne; il l'a portée sur ses lèvres; il l'y a long-temps pressée, et son œil me disait affection et reconnaissance. Je me suis penchée sur son lit; je l'ai tendrement embrassé. Maman m'a tirée avec force; je me suis éloignée de quelques pas. Les yeux attendris de mon père me suivaient; ils semblaient me rappeler. Je me suis approchée; maman avait pris ma place. Je suis restée debout à côté du lit. On a senti que j'étais irrévocablement décidée. On m'a approché un fauteuil.

Le mal a sensiblement augmenté pendant la journée. On a renvoyé à Tarbes. Le médecin est ici. Il ne s'éloignera que lorsqu'il n'y aura plus rien à craindre.

Il est minuit. J'ai consenti à me retirer, et je t'écris à la hâte. Je suis accablée; j'ai besoin de repos.

La nuit a été cruelle. Il n'a pas eu un moment de calme, et il a constamment déliré. Il ne m'a reconnue que vers huit heures. O mon Dieu ! mon Dieu ! Je croyais avoir tout perdu ; je sens à présent ce que vaut un père. Mon Dieu, conservez-le-moi.

Une berline à six chevaux entre dans la cour... C'est la livrée de M. d'Apremont. Il descend de la voiture ; il a avec lui un homme que je ne connais pas... Oh ! mon amie, il a su qu'un célèbre médecin de Paris était à Barége. Il n'a voulu s'en rapporter qu'à lui ; il a couru toute la nuit ; il a crevé deux chevaux ; il ramène l'espérance dans nos cœurs. Je n'ai pu résister à un pareil trait : je me suis jetée dans ses bras.

Je me suis reculée, confuse de ce que je venais de faire. J'ai senti l'avantage que j'avais donné sur moi ; j'ai pâli, j'ai rougi... « Ne vous alarmez pas, made-
« moiselle, m'a-t-il dit, du ton le plus
« modeste. Je n'ai pas reçu comme une

« faveur, ce qui ne pouvait être qu'un « hommage de la piété filiale. »

Le médecin de Paris a blâmé le traitement qu'on a fait suivre à mon père. Il a prouvé à son confrère de Tarbes qu'il s'est complétement trompé. Vingt-quatre heures plus tard, a-t-il dit à maman, il n'y avait plus de ressources. C'est donc à M. d'Apremont que je devrai la vie de mon père. A M. d'Apremont !

Pourquoi prononcé-je son nom avec amertume ? Quel tort a-t-il envers moi, que celui de m'aimer et de prétendre à ma main ?

Le médecin de Tarbes s'est retiré confus, et un peu mécontent, je crois, quoique maman l'ait noblement récompensé. Celui de Paris voulait indiquer par écrit ce qu'il faudra faire selon les accidens qui peuvent arriver ; et il se proposait de retourner à Barége, où il a des affaires importantes. M. d'Apremont l'a tiré dans l'embrasure d'une croisée; il l'a prié, pressé de rester. « Dix mille « francs, si vous le sauvez, a-t-il dit à « demi-voix. » Le médecin s'est rendu. Que n'obtient-on pas avec de l'or ?

M. d'Apremont a-t-il cru que je ne l'entendais pas, ou veut-il me forcer à la reconnaissance ? Ah ! n'examinons ni le motif du bienfait, ni la main d'où il part. Qui fait le bien est toujours respectable; il l'est surtout pour ceux qu'il a servis.

Jeannette est venue me prier de trouver bon qu'elle me relevât pour une heure. Je suis montée à ma chambre. Ma cruelle imagination m'a rappelé la lettre fatale. Je l'ai reprise; je l'ai mise à côté de son portrait. Quel contraste, bon Dieu ! Est-ce bien lui qui a tracé ces caractères déchirans ? La candeur, la bonne foi et l'amour respirent dans ce portrait; ses yeux sont tournés vers les miens, et des traits de feu s'en échappent; sa bouche me sourit... Peinture mensongère, qui le représente tel qu'il fut pour moi !... Ce sourire, cette expression de physionomie, tous les sentimens qu'il m'avoit voués, s'adressent maintenant à une autre. Au moment où j'écris, l'artificieuse le presse peut-être dans ses bras. Peut-être, en recevant ses caresses, insulte-t-il à ma douleur. Cette idée est mortelle; je veux lui échapper... Elle me poursuit sans relâche; elle me fait souffrir horriblement. L'affreuse jalousie s'est emparée de mon cœur. Je suis en proie à tous les tourmens de l'enfer.

Je me réfugie auprès de mon père; j'oppose la piété filiale à l'amour. Qui l'emportera, bon Dieu?........
. . . .

Depuis vingt-quatre heures, il ne m'a pas été possible de prendre la plume. Les événemens se sont succédés avec une rapidité... Tout est fini pour moi. L'horrible sacrifice est consommé.

Le médecin avait enfin décidé que les ressources de l'art étaient épuisées, qu'il n'y avait plus d'espérance que dans la nature, et qu'une crise heureuse pouvait seule sauver le malade. Maman et moi avions fondu en larmes, en écoutant cet arrêt. « Une crise heureuse!
« s'est-elle écriée. Une crise heureuse,
« Adèle! N'entends-tu pas? Ne sens-tu
« pas que toi seule peut la déterminer?
« — Moi, maman! Ordonnez, ordon-
« nez. — M. d'Apremont a des droits à
« notre éternelle reconnaissance; son
« mariage avec lui comblerait tous les
« vœux de ton père. Si cette union ne
« le rend pas à la vie, elle rendra du
« moins ses derniers momens moins
« cruels. Jules t'a donné l'exemple du
« courage; il s'est sacrifié à son enfant;
« es-tu incapable de te dévouer pour
« ton père? Adèle, le laisseras-tu mou-

« rir ? » Je ne réponds plus; je n'écoute plus rien. Je rentre dans la chambre de mon père. Mes bras sont étendus vers lui; mon sein palpite; ma tête est exaltée; un saint enthousiasme s'est emparé de moi; l'amour est oublié. « Vivez, « mon père, vivez pour former des « nœuds qui vous paraissent si désira-« bles; je me donne à M. d'Apremont. »

Une résolution subite s'opère dans tous les traits du malade; ses yeux peignent la satisfaction dont son cœur est pénétré. Il me devra encore des jours heureux, dit-il; je suis son sauveur, son ange tutélaire. La crise désirée commence. Puisse-t-elle se terminer heureusement !

Oh ! mon amie, on savait trop que je ne résisterais pas aux puissans motifs qu'on opposait à mon cœur; toutes les dispositions étaient faites, Claire. Maman tire une sonnette: M. d'Apremont, le maire de Velzac, le curé, un notaire, des témoins paraissent à l'instant. Tous les yeux sont fixés sur moi; un morne silence règne dans l'assemblée. Un froid mortel me glace; ma langue se refuse à répéter le consentement que je viens de donner; je le balbutie. On me fait signer un contrat, sur les registres de la municipalité; je prononce le *oui* fatal. Je le prononce à genoux à côté du lit de mon père... Partout ailleurs je me serais rétractée.

C'en est fait, c'en est fait. Je ne peux t'en dire davantage...... Je t'écrirai demain.

Le noble orgueil de sauver mon père; la satisfaction que j'éprouvais en le voyant revenir à la vie; ses tendres caresses, celles de maman, tout avait concouru à soutenir mon courage. La cérémonie était à peine terminée, que je suis revenue sur moi-même, et ce moment a été affreux. J'ai regardé M. d'Apremont; j'ai frémi, en pensant aux droits que je venais de lui donner. Hélas! Claire, ce *mot*, si doux à prononcer, quand on s'unit à ce qu'on aime, est inséparable pour moi de l'idée d'un éternel et insupportable esclavage. Je ne sais si M. d'Apremont a l'art de lire dans les cœurs; mais il s'est approché de moi avec bonté; il m'a protesté qu'il ne veut rien tenir du devoir; que son intention est de me mériter avant de m'obtenir; il m'a conjurée de modérer mes alarmes; de ne pas me faire de notre union une image déchirante pour moi et injurieuse pour lui. Sa douceur, sa modération m'ont tiré des larmes, et ne me l'ont pas fait paraître plus aimable: Claire, on ne peut aimer qu'une fois. Un profond soupir s'est échappé de mon sein. Tu sais à qui il était adressé. Puisse-t-il être le dernier que je donne à de bien cruels, à de bien chers souvenirs.

Les portes se sont ouvertes tout-à-coup. Des femmes, chargées de présens, se sont présentées. Ce que l'art a produit de plus riche et de plus élégant en étoffes a été déployé devant moi. Des écrins, garnis de pierres précieuses, variées presque à l'infini, m'ont été présentés. Maman m'essayait ces parures les unes après les autres; elle me conduisait devant une glace; elle me faisait remarquer l'effet de chaque diamant. Je ressemblais à ces victimes, qu'on pare avant de les égorger. Un sourire de dédain m'est échappé. M. d'Apremont m'a devinée; il s'est approché de moi. « Je sais, m'a-t-il dit, que rien ne peut « vous embellir. Mais consentez à faire « valoir ces objets, dont ma tendresse « se plaît à vous offrir l'hommage. » Un coup d'œil de reconnaissance a été ma réponse; il m'a baisée au front, et s'est allé asseoir à l'extrémité de la chambre.

Mon père me regarde avec une complaisance, un orgueil!... Dans toute autre circonstance j'aurais ri de moi-même. Figure-toi une poupée, surchargée d'ornemens par un enfant sans goût et sans adresse, et tu auras une idée de ce qu'était ton amie. Des boucles d'oreilles superbes, et un bonnet de nuit; un riche collier sur une guimpe de percale; une ceinture en brillans sur une robe d'indienne; des aunes du plus beau point d'Angleterre chiffonnées autour de mes bras, attachées précipitamment en plusieurs rangs sur le bas de ma robe. Je me faisais pitié, et je gardais ce ridicule accoutrement, pour ne pas déplaire à M. d'Apremont. Je lui dois des égards et de l'obéissance : c'est tout ce que je peux lui accorder.

Encore un écrin ! Quand cela finira-t-il ? On tire de celui-ci des bracelets enrichis de gros brillans. Sur l'un, est le chiffre de M. d'Apremont et le mien; sur l'autre est son portrait ! Je peux, je dois porter celui d'un homme que je n'aime pas, et cette image vivante d'un objet qui me fut long-temps cher, que je n'ose plus nommer, reléguée au fond d'un secrétaire...... Je te la renverrai, mon amie ; ce sera le premier sacrifice que je ferai au devoir. Oh, combien j'en aurai à lui faire ! Le plus cruel de tous est celui que M. d'Apremont désire peut-être avec ardeur, qu'il a le droit d'exiger.. Quoi, un *mot* me met à la disposition de cet homme, et des sermens d'amour, mille fois répétés, n'ont rien fait pour mon bonheur ?... Ne pensons plus à cela.

Il prend mes mains ; il couvre mes doitgs de bagues ; il les en couvre jusqu'à la première phalange ; il croit les baiser, il ne baise que des cailloux. Avec quelles délices je les ai abandonnées, ces mains, à cet autre qui eût regretté d'y trouver quelque chose qui ne fût pas elles ! Claire, je reviens toujours à ce malheureux. Ce moment est celui des comparaisons. J'en fais de bien affligeantes, et ce sujet est inépuisable: apprends-moi donc comment on oublie.

On sert un joli dîner près du lit de mon père. M. d'Apremont me demande la permission de se placer auprès de moi. Il sait bien que je n'ai rien à lui permettre, rien à lui interdire. Le médecin offre un blanc de poulet à mon père. Il prétend que la santé revient vite, quand le cœur est satisfait. Je vois, de moment en moment, cette maxime se confirmer. M. de Méran est bien faible ; il le sera long-temps ; mais les symptômes effrayans disparaissent ; sa conversation est suivie ; elle est attachante. Je ne peux me dissimuler que je dois sa vie à M. d'Apremont. Je fais un effort sur moi-même ; je lui rends le baiser qu'il m'a donné sur le front. Ce baiser paraît le combler de joie, et il froisse mon cœur.

Maman annonce un poète aimable.

Qui ne croirait, en voyant mes atours, que je suis heureuse, parfaitement heureuse? Le vulgaire admire un palais éclatant d'or; il ne sait pas que les soucis l'habitent, et que le bonheur peut se rencontrer sous le chaume. Je l'y aurais trouvé, ou je l'y aurais fait naître : mon père ne l'a pas voulu.... Il vit; je m'attache à cette idée; elle seule peut me soutenir.

Mais quel est ce poète ? C'est l'homme qui foule aux pieds tous les principes, et pour qui l'amitié n'est qu'un vain nom. Il a célébré dans ses vers l'hymen et ses douceurs. Il ose me féliciter, et il sait que je suis la plus malheureuse des créatures! Perfidie de la part de M. de Courcelles ; égoïsme de celle de M. d'Apremont; adulation et mensonge dans la bouche de des Audrets, voilà ce que j'ai vu, ce que je vois ; voilà les hommes que j'ai connus, et ceux avec qui je suis condamnée à vivre!

Ah ! ce n'est pas ainsi que je peindrais l'hymen. Je placerais une colombe sur un autel ; un vautour lui arracherait le cœur ; le sang de la victime éteindrait le flambeau.... Eloignons ces idées funestes.

La nuit approche, et ses ténèbres me glacent d'effroi. Claire, tu as fait un sacrifice ; il ne t'a rien coûté ; tu l'offrais à l'amour. Et moi, moi !....

On me permet de quitter enfin les ornemens dont je suis chargée. Je les avais pris à regret, et je souffre de m'en voir dépouillée. Il me semble que chaque objet qu'on m'ôte, est une barrière de moins aux désirs de l'homme qui peut tout, qui voudra tout, devant qui je serai forcée de dévorer mes larmes, qu'il me faudra feindre d'aimer. Feindre l'amour, tromper un homme auquel on s'est donné pour des titres, pour de l'or, c'est une véritable prostitution.

M. d'Apremont annonce qu'il va retourner au château. Maman me fait un signe ; je me léve. « Restez, me dit-il, « avec la plus grande bonté, restez, « mon amie, auprès de votre père. De- « main, il sera en état d'être transporté. « Vous l'établirez chez moi, et vous y « prendrez la place qui vous appartient. » Un malheureux, battu de la tempête, qui voit la mort sous ses pieds, et à qui on donne un frêle esquif, renaît à l'espoir pour quelques instans encore. Ainsi ton amie s'est trouvée heureuse dans son désastre de gagner une nuit, une journée.

Je ne suis plus nécessaire à M. de Méran. Je rentre dans ma chambre, dans cette chambre, où il m'était permis de penser, d'écrire, et que je quitte demain pour jamais. J'habiterai un château, où je n'aurai plus rien à moi, pas même les jouissances de l'amitié. Je ne pourrai t'écrire qu'à la dérobée ; je n'oserai plus te parler de lui.... Hé! pourquoi t'en parlerais-je ? Il ne mérite pas un soupir, pas un regret.

Je ne peux le haïr ; mais je profiterai du moment où j'écoute mon cœur et mon orgueil blessés. Je fermerai ce paquet ; j'y mettrai son portrait et ses lettres ; je ne veux plus rien avoir de ce qui fut à lui.

.... Son portrait ! le voilà. Voilà ces lettres où il me jurait un amour éternel, où il me peignait ce sentiment, tel qu'il est encore dans mon cœur, d'où je dois le bannir. Voilà la lettre qui annonce sa chute et notre commun malheur, un malheur dont il nous est maintenant impossible de nous relever. Ah ! Claire, ce n'est pas celle-là que je relis. Je reprends celles qui disaient amour et bonheur ; je les porte sur mes lèvres, sur mon sein ; mes yeux les dévorent ; je crois les lire pour la première fois.

Et ce portrait, qui adoucissait les tourmens de l'absence, qui ouvrait mon âme à l'espoir, qui la nourrissait des plus douces illusions, je le baigne de larmes, et cependant je vais m'en séparer. M'en séparer! Ah! quitte-t-on un bien qu'on a en sa puissance, qu'on est maître de conserver, lorsqu'on sent que l'éloigner de soi, c'est s'arracher la vie? Déjà les lettres sont dans le paquet; mais ce portrait, ce portrait!... Hé! le devoir ne parle-t-il pas aussi haut que l'amour? N'est-ce pas lui seul que je dois désormais écouter? Garderai-je une image, qui sans cesse donnerait de nouvelles forces à mon amour? Non, jamais je n'aimerai M. d'Apremont; mais l'outragerai-je, en rendant un culte criminel à une peinture, qui ment à mes yeux, comme ces lettres ont menti à mon cœur? Cette idée rallume mon ressentiment; elle me donne des forces contre moi-même. Ma main écarte ce portrait.... Mes vœux insensés le rappellent. Je le reprends, je le repousse encore.... Je ne le peux, Claire, je ne le peux. Je le presse dans mes mains, comme si je craignais qu'on veuille me l'arracher ; je le place sur mon cœur palpitant ; je le couvre de baisers et de larmes nouvelles....

« Madame d'Apremont, que faites-« vous ? Pensez à ce que vous êtes et à « ce que vous vous devez. » Je jette un cri d'effroi ; le portrait s'échappe ; il roule sur le parquet. Maman le relève ; elle saisit ces lettres ; elle fuit. Je reste clouée sur mon siége ; mes coudes sont appuyés sur mon secrétaire ; mon visage inondé de pleurs, est caché dans mes mains ; ma voix timide murmure tout bas : j'ai tout perdu, j'ai tout perdu !

Maman revient près de moi. Elle me prend dans ses bras ; elle me caresse ; elle me console ; elle essaye de me faire entendre le langage de la raison. La raison, ah ! qu'elle est impuissante où parle, où règne l'amour ! Cruel amour !

je le croyais éteint. Mon union avec un autre, l'éloignement, la terreur que cet homme m'inspire lui ont rendu sa première vivacité. « La raison, maman, la
« raison ! — Veux-tu te perdre, Adèle ?
« — Hé ! que m'importe ? — Quoi, l'hon-
« neur, ta réputation ?.... — L'honneur
« consiste à n'être pas infidèle. — Jules
« t'en a donné l'exemple. — Je ne peux
« l'imiter. — Et ton époux ? — Il n'est
« pas celui de mon choix. — Ainsi, après
« avoir tout fait pour ton père, tu veux
« le remettre sous la faux de la mort.
« Tu veux que M. d'Apremont vienne
« lui demander compte de ta vertu que
« nous lui avons garantie ; tu veux que
« cet époux outragé te chasse de chez
« lui avec éclat. Quel sera ton refuge ?
« Où cacheras-tu ta honte ? Auprès d'un
« père, dont tu auras hâté, empoisonné
« les derniers jours, qui te repoussera
« de son sein, et dont le dernier soupir
« sera une malédiction. Viens, viens,

« suis-moi. » Elle me conduit au lit de mon père. « Vois comme il repose. Il « dort du sommeil du juste ; il ne soup- « çonne pas que le crime habite dans le « cœur de sa fille. Veux-tu, Adèle, qu'il « n'y ait plus de repos pour lui ? »

Ces paroles arrivent au fond de mon cœur, elles le pénètrent, elles le subjuguent. Un saint enthousiasme renaît. Je tombe à genoux une seconde fois devant ce lit, d'où j'ai éloigné la mort. Mon père s'éveille. Il demande avec intérêt pourquoi j'ai pris cette posture humiliante. Ce moment est consacré à la vertu et à la vérité : je lui dis tout ; je le fais lire, comme toi, dans mon âme. Ses mains respectables s'étendent sur ma tête ; il bénit sa fille chérie ; il appelle sur elle les bénédictions célestes ; il prie avec ferveur que le calme renaisse dans son cœur déchiré. Oh ! Claire, que la religion est puissante, quand elle a pour organe un vieillard, dont le front est couvert de lauriers, et dont la bouche a toujours exprimé ses véritables sentimens! Je crois entendre Dieu même; j'unis mes vœux à ceux de mon père; je jure d'étouffer mon amour, d'être toute à mon époux. Mon époux, ah! Claire, écris-moi, écris-moi tous les jours; prouve-moi qu'en effet je lui dois tout; que mon cœur, que la nature ne sont rien; que les droits de cet homme lui tiennent lieu de ce qu'il n'a pas, de ce qu'un autre possède à un degré si éminent.

Il fait à peine jour, et M. d'Apremont paraît. La piété règne encore sur toutes mes facultés; je vais à lui, je le presse dans mes bras; je lui présente mes joues. Claire, j'étais vraie en ce moment. La reconnaissance, et quelque chose qui ressemble à l'amitié me parlaient en sa faveur. Hélas! il a paru comblé de joie de ce que je venais de faire pour lui, et j'avais si peu fait ! il m'aime, Claire, il m'aime avec passion. L'infortuné !

Il juge à mes yeux fatigués que je n'ai pas dormi. Il se plaint avec une extrême tendresse du peu de soin que je prends de moi, il m'annonce que mes femmes sont là et qu'elles attendent mes ordres. « Monsieur, Jeannette a été élevée par « ma famille ; elle a crû avec moi; je « lui suis très-attachée; permettez moi « de la garder. Mon père, maman, don- « nez-moi Jeannette. » On n'avoit rien à refuser à celle de qui on avoit tout obtenu. Jeannette me suit; son mari sera attaché à mon appartement. Ils auront plus d'aisance, moins de travail, nous ne serons pas séparés, et je pourrai continuer à t'écrire.

Quatre femmes sont à l'anti-chambre. Quatre femmes pour moi ! Hé, que veut-il que j'en fasse ? Il me prie de les garder comme objets de luxe. Ainsi les grands mettent sur la même ligne leurs chevaux et leurs gens. Qui s'avilit jusqu'à servir, lorsqu'il peut vivre indépendant du produit de son travail, mérite cette humiliation.

On dispose tout pour transporter mon père. Une excellente dormeuse l'attend au bas des degrés. On arrange un brancard pour le porter jusque-là. Ces femmes, des valets s'emparent de toute la maison. Ici on emplit des malles; là on fait des ballots, des paquets. Tous se hâtent, tous cherchent à manifester leur zèle à leur nouvelle maîtresse. Qu'ils ne la craignent pas: jamais elle ne sera exigeante, parce qu'elle saura être modeste au sein de la fortune. Elle était riche de son cœur, elle ne l'a plus, que lui importe le reste?

CHAPITRE II.

Départ pour Paris.

Nous partons ; nous arrivons au château. Le plus bel appartement est destiné à mon père et à ma mère. M. de Méran se fait rendre compte de la distribution du local et des meubles qui sont dans les différentes pièces. Partout la richesse et la grandeur sont unies à la commodité. Maman lui parle d'un superbe arbre généalogique, portant indication des faits brillans qui ont illustré notre famille, et qu'on a placé dans son cabinet. Il se le fait apporter. Il est peint de main de maître sur du satin blanc, et les caractères sont en or. Mon père me fait remarquer que sous Charles V un Claude de Méran était déjà lieutenant d'une compagnie d'hommes d'armes. Il désire que l'arbre généalogique soit placé dans sa chambre; il veut le voir de son lit; il est rayonnant de joie.

Je remarque avec une vraie satisfaction que M. d'Apremont a porté les égards, la prévenance, la délicatesse aussi loin qu'ils peuvent aller. Il semble avoir prévu les goûts et les besoins de tous. A chaque instant, à chaque pas on reconnaît la main qui se cache, et que le cœur aime à deviner. Cet homme-là, ma chère, est digne d'être aimé. Pourquoi l'amour n'est-il pas toujours le prix des plus brillantes qualités? Il est trop vrai que c'est par les yeux qu'on commence à aimer; ce qui les flatte est sûr de plaire. Le mérite peut fixer ensuite; mais ce n'est jamais lui qui détermine.

M. d'Apremont me demande si je veux voir mon appartement. Hélas, ce qu'on redoute n'excite pas la curiosité. Cependant je suis persuadée que cet appartement est orné de tout ce qui peut être utile ou agréable ; je ne veux pas désobliger mon bienfaiteur : je le suis.

Tout est grand et noble chez mon père ; ici tout est recherché et élégant. On a prévu jusqu'à des besoins dont je n'avais pas d'idée, et dont je ne me sens pas disposé à contracter l'habitude. Je crois que ces besoins factices éloignent l'aisance des plus riches maisons, et que la première chose que doit apprendre une jeune femme c'est de savoir se borner.

Cet appartement tient à celui de M. d'Apremont par une communication que je ne peux regarder sans effroi. C'est lui qui me l'indique et il ajoute qu'elle ne s'ouvrira que lorsque je le permettrai. Malgré cette réserve apparente, je lis son amour dans ses yeux ; il perce dans chacun des mots qu'il m'adresse ;

son accent, son silence même sont encore de l'amour. Il espérait sans doute que je répondrais selon l'impatience de ses désirs. Je le devais peut-être : je n'en ai pas eu la force. Claire, n'est ce pas assez que je me résigne ? Faut-il que j'aille au devant du coup ?

Il a invité beaucoup de monde aujourd'hui. Il veut célébrer son mariage par une fête brillante. Une fête ! Une pompe funèbre conviendrait bien mieux, si ce jour doit finir par l'abnégation de moi-même, par ma soumission absolue aux volontés d'un maître.

« Ma chère amie, vous êtes bien jeu-
« ne encore; mais une femme comme
« vous n'est déplacée nulle part. Je vous
« prie de vous mettre à la tête de ma
« maison et d'en faire les honneurs. Son-
« gez que je n'ai plus ma nièce, et qu'il
« faut que vous la remplaciez. »

Sa nièce ! Quelle foule d'idées cruelles ce mot a fait naître ! L'infidélité et le parjure, les nœuds infortunés qu'ils ont préparés pour M. de Courcelles, et pour moi, les conséquences effrayantes qui peuvent en être la suite, voilà ce qui se présente d'abord à mon imagination. M. d'Apremont a donné la jouissance de cette terre à M. et à madame de Méran. Il est certain qu'au premier jour il va me conduire à Paris. Je serai forcée de recevoir sa nièce, sa nièce, que je méprise, que je hais. Et son mari.......... Si je le revois, il n'est plus de repos pour ton amie. Il m'aime encore, dit-il; il est ardent, impétueux; cependant il me respectera, je l'espère, je le crois. Mais cache-t-on l'amour à des yeux intéressés à bien voir ? Quel tourment de passer sa vie à dissimuler avec l'homme qui jamais ne mérita ma tendresse, et à la feindre pour celui qui ne peut m'en inspirer ! Sans cesse occupée à me garantir des charmes de l'un et de la pénétration de l'autre, je serai réellement la plus misérable de toutes les créatures. Puissè-je n'être pas la plus coupable!

Il n'est qu'un moyen de m'en garantir et je vais l'employer. Mande chez toi M. de Courcelles. Dis-lui que j'arrive, que je ne dois plus le voir, et que si je lui inspire encore un véritable intérêt, il quittera la capitale. Je sens qu'on n'éloigne pas un homme qu'on a cessé de craindre, que cette prière est un aveu positif de ma faiblesse. Hé, ne la connaît-il pas? Ignore-t-il que je l'ai trop aimé pour l'oublier jamais? Qu'il pense d'ailleurs ce qu'il voudra ; mais qu'il obéisse.

Le monde abonde ici de toutes parts. Il faut que le sourire soit sur mes lèvres, quand mon cœur est brisé ; il faut que ma conversation soit engageante, quand je donnerais l'or et les pierreries dont je suis chargée pour être seule avec moi-même. Les aveugles ! ils me félicitent, ils félicitent M. d'Apremont, et le poison circule dans mes veines ! Puissé-je l'éloigner de lui !

Maman voit que je souffre, elle a pitié de moi, elle me remplace dans mille circonstances ; mais elle ne peut me dispenser de la représentation. Représenter ! c'est à ce froid et ridicule plaisir que la plupart des hommes sacrifient le bonheur qu'on peut se procurer partout quand le cœur est en rapport avec ce qui l'environne.

Je trouve un moment pour parler à ma mère. Je lui fais part de mes craintes à l'égard de M. de Courcelles ; elle les trouve exagérées. Ma mère n'a donc jamais aimé. On dit, Claire, que le monde tolère la galanterie dans une femme mariée, qui d'ailleurs respecte les bienséances. Maman a toujours été vertueuse ; elle ne peut partager cette insouciante indulgence. Je reviens à ma première idée : elle n'a jamais aimé. Cependant elle loue ma prudence. Elle se propose de t'écrire de son côté une lettre que tu communiqueras à l'homme dangereux, mais que tu ne lui laisseras point.

M. d'Apremont vient nous joindre. Il nous demande la permission de se soustraire avec nous au bruit, au tumulte pendant quelques instans. Maman nous quitte sur un prétexte assez léger. Craint-elle, bon Dieu, que je ne sois pas assez avec lui ? Il passe mon bras sous le sien ; il me conduit à ce pavillon chinois, où j'ai connu l'âme de celle qui a causé tous mes maux. Quel genre de supplice m'attend aujourd'hui en ce lieu ? Il me fait asseoir près de lui, il me parle de son amour, il le peint avec la chaleur d'une imagination délirante, il me rappelle ce que j'ai cent fois entendu de la bouche d'un autre, et il ne peut me rendre mes sensations ; il me couvre de baisers. Je les supporte ; mais mon cœur ne les reçoit pas, et ma bouche ne peut les lui rendre. Ah! je le prévois, la porte fatale s'ouvrira ce soir! Hé! qu'importe? Que gagne un malheureux condamné à retarder sa dernière heure?...

La mienne a sonné, Claire. Ce que je réservais au plus tendre amour est devenu le prix de terres, de châteaux. Quelle misère! qu'a-t-il pu, que peut-il m'offrir en compensation du bonheur du reste de ma vie?

Il était deux heures du matin quand on s'est retiré; il m'a conduit à mon appartement; il a fortement exprimé le désir d'y rester avec moi. Il voulait, disait-il, me mériter avant que de m'obtenir. Un homme se souvient-il le lendemain de ce qu'il a promis, juré la veille? Je lui ai répondu, en frissonnant, que je n'avais rien à lui refuser. Jeannette pleurait en me déshabillant; elle a heureusement eu l'adresse de lui dérober ses larmes. Que te dirai-je enfin? Il a tenu dans ses bras une femme mourante, inanimée. Il a rappelé à ma mémoire ces premiers baisers d'amour, cette impulsion irrésistible qui m'entraînait vers un objet adoré, qui me mettait en sa puissance, et il n'a pu me rien faire éprouver de semblable. Cependant il se croit heureux. Oh! combien il le serait si je pouvais lui rendre caresses pour caresses, transport pour transport! Cela ne se peut, cela ne sera jamais; mes sens seront toujours muets auprès de lui. Je ne peux être que sa victime.

Cependant je dois lui rendre justice. L'indifférence, l'éloignement même qu'il m'inspire ne m'empêchent pas d'être sensible à ses qualités. Il les a toutes; il ne lui manque que le don de plaire, et je crois que j'aurais pu l'aimer, si une passion aveugle, insurmontable n'avait rempli mon cœur avant que je le connusse.

Il comble mes parens de prévenances,

d'égards et de bienfaits. Il a pour moi les attentions les plus délicates; il cherche à pénétrer mes moindres désirs, et il se félicite d'avoir pu les satisfaire. Ah! pourquoi ne dispose-t-on pas de ses affections? Je le répète, je lui consacrerais toutes les miennes. Plains-moi, Claire, plains un homme digne d'un meilleur sort.

Des Audrets se conduit d'une manière irréprochable à mon égard. Depuis que je suis mariée, il ne m'a pas adressé un mot qui pût me déplaire, et je crois qu'il fait valoir mes moindres marques de déférence pour M. d'Apremont; qu'il s'étudie à mettre mes faibles talens en évidence; qu'il cherche à ajouter à l'amour, à l'estime, à la confiance que m'accorde son ami. Avec de semblables procédés, il ne lui sera pas difficile de détruire les impressions très-défavorables que j'ai conçues de lui.

Mon père se rétablit sensiblement. Le

bonheur est père de la santé, et je crois M. de Méran très-heureux. Ma mère jouit de sa satisfaction. C'est un puissant motif de consolation pour moi de penser qu'ils tiennent tout de leur fille, et que chaque jour elle leur devient plus chère; mais aussi, qui a besoin de se consoler, souffre plus ou moins, et il est des douleurs qui doivent être muettes. Ce n'est qu'à toi que je confierai les miennes; je les adoucirai en les déposant dans le sein de l'amitié.

Que viens-je d'apprendre?... Claire, je ne me connais plus. Nous partons incessamment pour Paris. J'y retrouverai celui qui m'a fait tant de mal et que je ne peux haïr. M. d'Apremont veut que M. et madame de Courcelles habitent une aile de sa maison. « J'ai re-
« marqué, me dit-il, que la société de
« ma nièce vous est agréable; on dit son
« époux charmant; nous fixerons les
« plaisirs au milieu de nous; vous les

« rendrez plus piquans, et vous leur
« devrez une teinte de gaîté qui fera de
« vous une femme accomplie. » J'ai
combattu ce projet par tous les raisonnemens qui se sont offerts à mon imagination ; je me suis étendue sur la difficulté de maintenir l'harmonie entre deux ménages qui n'ont pas les mêmes intérêts, ni peut-être les mêmes goûts. Il m'a répliqué, avec la plus touchante franchise, que la société exclusive d'un homme de son âge ne convient pas à une femme de dix huit ans ; qu'il n'entend pas que son amour le rende importun, et que d'honnêtes distractions me rendront le devoir plus doux. J'ai résisté encore. Il m'a pris la main, il l'a baisée tendrement, et il m'a dit avec un sourire plein de bonté : « Permettez que
« j'ordonne à mon Adèle d'être heureuse
« autant qu'elle peut l'être. Voilà la première fois que je m'exprime ainsi : ce
« sera la dernière. »

Que Jules s'éloigne, qu'il s'éloigne à l'instant, n'importe sous quel prétexte. Je passerais ma vie avec lui ! Je m'exposerais à des combats continuels ! Je le verrais dans les bras de celle qui me l'a ravi ! Je serais sans cesse torturée par le bonheur de cette femme et par le sentiment de ce que j'ai perdu ! C'est un supplice affreux ; c'est plus que les forces humaines ne peuvent supporter.

Dis à Jules que je suis à ses pieds, que je les embrasse, que je le conjure de m'éviter. S'il résiste, je suis décidée à tout avouer à M. d'Apremont. Je troublerai son repos, je le sais ; je le rendrai malheureux peut-être ; mais il saura que sa femme veut vivre irréprochable, et que si elle n'a pu lui donner son cœur, elle conserve tous ses droits à son estime.

Je me répète, je le sens, je me répète jusqu'à te fatiguer ; mais je souffre, Claire, et le sentiment de mes peines se renouvelle sans interruption.

J'ai confié à maman mes anxiétés et ma résolution. Cette fois, elle a vu et pensé comme sa fille. Elle a frémi du danger continuel auquel je serais exposée; elle se repent de n'avoir pas confié à M. d'Apremont le nom d'un jeune homme qu'il va connaître, peut-être pour son malheur et le mien. Il est trop tard pour revenir là-dessus. Commencera-t-on par faire naître la crainte dans le cœur de mon époux, ou le forcera-t-on à rompre avec sa nièce? Maman veut consulter M. de Méran.

Nous nous sommes enfermés tous les trois. Mon père a paru accablé de ce qu'il venait d'entendre. Ainsi son bonheur, qui m'a coûté si cher, a déjà subi une altération sensible. Il a de brillantes, de grandes possessions, et la paix s'éloigne de son cœur. Quelle leçon pour ceux qui courent après de vaines jouissances, et qui négligent celles que la nature leur offre avec profusion.

M. de Méran, qui a toujours déployé un grand caractère, s'est montré faible et irrésolu. Il a formé vingt projets absurdes ou inexécutables. Il s'est attendri; il s'est affligé sur moi; il m'a demandé pardon, et moi, pauvre jeune femme, j'ai été obligée de consoler mes parens éplorés, et de prendre seule une détermination.

J'ai engagé mon père à écrire à l'instant à MM. d'Estouville et de Courcelles; à leur recommander fortement l'honneur et le repos de sa fille et de son époux. Il a pris la plume; il n'a pu lier deux idées de suite, et je lui ai dicté presque tout. Sa tête n'est plus à lui; et il faut que je m'arme de courage, moi, faible roseau, battu de tous les vents. Ces lettres ne sont pas ce qu'elles pourraient être, je le sens; mais elles feront sentir à M. d'Estouville la nécessité d'une discrétion absolue, et à M. de Courcelles les ménagemens qu'il doit à tous ceux

que perdrait une imprudence. Vois-les tous les deux, Claire. Tu sens combien il importe de maintenir le bandeau sur les yeux de M. d'Apremont, et pour Dieu, que Jules s'éloigne, je le répète encore, ou je ne réponds de rien. . . . .
. . . .

Il ne s'est rien passé de nouveau ici depuis onze jours. Mon père est tout-à-fait rétabli. Il a de longues conférences avec maman. Ils sont sérieux et souvent pensifs. Il ne m'est pas difficile de deviner ce qui les occupe : ils attendent des lettres de MM. d'Estouville et de Courcelles ; ils craignent et ils désirent à la fois de les recevoir et de les lire. Moi, je suis assez tranquille à cet égard. M. d'Estouville est, dit-on, un homme plein d'honneur, et la discrétion lui paraîtra un devoir. M. de Courcelles en a un plus difficile à remplir, puisqu'il a cessé d'être libre. Mais il s'agit de mon repos et de mon honneur, de ceux d'un homme auquel il est allié, et rien ne balancera dans son esprit un motif aussi puissant. Claire, il m'obéira, j'en suis sûre, et ta réponse à mon dernier paquet m'annoncera son départ, et celui d'une femme dont l'aspect me ferait horriblement souffrir.

M. d'Apremont semble chaque jour être plus amoureux. Que cet amour-là est difficile à supporter ! Il me répète que mes organes sont à peine développés, et qu'il viendra un temps où je partagerai ses transports. Il me croit une femme froide. Je lui laisse une erreur à laquelle je dois quelques intervalles de tranquillité. Moi une femme froide ! S'il avait été derrière mon marronier ; s'il avait vu ces baisers prolongés, interminables, l'incarnat de mes joues, les mouvemens précipités de mon sein ; s'il avait entendu ces soupirs de feu et ce mot terrible... Oublions, oublions des momens délicieux et trop tôt écoulés. Je ne peux y penser sans crime.

Le domestique qui va prendre les lettres à Tarbes, arrive en ce moment. Jeannette l'a vu comme moi; elle court à lui; il lui remet un paquet... Je te remercie, ma bonne Claire, avant de l'avoir lu.

Des lettres pour mon père... il a fait appeler maman... Je vole; nous entrons tous trois dans son cabinet. Mon œil n'est pas incertain; l'écriture l'a frappé. Je brise le cachet; je lis à haute voix.

Ses expressions sont décentes, réservées même, et cependant pleines de charme. Il consent à ce que lui demande mon père; il sent la nécessité de s'éloigner d'une femme qui sera toujours dangereuse pour lui, et qui n'a pas oublié, peut-être, qu'il a dû lui appartenir. Madame de Courcelles tient beaucoup aux plaisirs bruyans de Paris; mais il a déclaré l'intention formelle de voir des biens dont elle s'est peu occupée, et il a manifesté le désir de l'emmener avec lui. Ce voyage, a-t-il dit, ne doit durer que quinze jours; mais il saura le prolonger autant que les circonstances l'exigeront.

M. d'Estouville marque à mon père la plus grande déférence; il proteste que jamais il n'a dit un mot, que jamais il ne lui échappera rien qui puisse faire pénétrer le secret de mon cœur.

Je reviens à la lettre de M. de Courcelles. Avec quelle facilité il s'éloigne de moi! Il se rend sans faire la plus légère observation, à une simple invitation de mon père! Ah! il croit trouver le bonheur dans un désert avec l'astucieuse qui m'a ravi sa main! Il ne m'aime plus, il ne m'aime plus!... Hé, pourquoi m'aimerait-il encore? Le doit-il? puis-je le désirer? Non, non, qu'il me délaisse, qu'il me fuie ; je ne peux m'en plaindre : et moi aussi je l'ai voulu.

Quel étrange assemblage de désirs et d'alarmes, de contradictions de toute espèce, que le cœur de ton amie ! S'il fût resté à Paris, j'aurais cru qu'il méditait ma perte ; il m'obéit, et je me me plains ! Dis-lui, Claire, que je suis reconnaissante ; dis-lui... hé, sais-je ce qu'il convient de lui dire ? Sais-je ce que je pense, ce que je veux ? Protége-moi, mon amie; fais-le partir; défends-moi contre mon cœur, contre le sien. J'approuve ce que tu feras; je me soumets aux mesures que tu auras arrêtées.

Jeannette vient rôder autour du cabinet. Elle y entre, elle en sort; elle y revient. Elle croit que je n'ai pas saisi les signes qu'elle m'a adressés. Je brûle de tenir ta lettre : celle-là renferme des détails. Mais puis-je déceler notre correspondance par un empressement qui serait remarqué, interprété? Jeannette rentre. Elle me dit que M. d'Apremont me demande. Je la devine, je sors, je cours chez moi, elle me suit, le paquet est dans mes mains, je vais le dévorer.

Il a été chez toi; il a reçu mes ordres avec soumission; mais il part désespéré. Il est tombé à tes genoux; il les a mouillés de ses larmes; il t'a conjurée de me dire que je serai toujours l'objet de ses vœux, de ses adorations, et que la marque la plus forte qu'il puisse me donner de son dévouement à mes volontés, est de sortir de Paris au moment où je vais y arriver. Il s'ensevelira dans une campagne avec une femme, qui a parlé un moment à ses sens, et qui ne saurait arriver à son cœur... Le mien se brise d'attendrissement et de douleur. L'infortuné! Paris lui offrait des distractions, et il sera seul avec celle qui nous a perdus tous deux. Ah! quel bien elle m'a ravi!... Qu'il soit honnête homme,

Claire ; qu'il n'oublie jamais que bientôt il sera père, et que la femme à qui il devra ce titre précieux a droit au moins à des ménagemens. Qu'il pense... ma tête n'est plus à moi. Une foule d'idées s'y heurtent, s'y confondent, et je n'ose descendre dans mon cœur.

Je vais presser notre départ. Tes lettres ne me suffisent plus, j'éprouve un besoin inexprimable de te voir, de te parler. Ce n'est qu'à toi que je peux tout dire. J'aime beaucoup maman ; mais le respect nuit à la confiance. Je t'entretiendrai, non de mes espérances, je n'en ai plus, je te développerai mes peines, ce sujet est inépuisable ; mais s'y abandonner sans réserve, c'est presque se soulager.

J'ai parlé à M. d'Apremont. Je lui ai représenté que ses hôtes, qui se succèdent sans interruption, qu'une foule de domestiques causent ici un tumulte, une sorte de désordre qui ne conviennent pas à des personnes âgées; que M. et madame de Méran sont relégués dans un appartement, très-beau sans doute, mais dont leurs tranquilles habitudes leur permettent rarement de sortir. J'ai marqué le désir de connaître Paris, et je n'avais pas cessé de parler, que M. d'Apremont appelait ses gens et leur donnait ses ordres. Quel homme j'offense et par ma dissimulation et par des sentimens que je m'efforce en vain d'étouffer ! Ah ! si l'on pouvait disposer de son cœur, le mien serait tout à lui.

Dans deux jours nous quitterons Velzac. Je reverrai l'amie de mon enfance; je verrai la chambre où tu l'as reçu, le siége qu'il a occupé, l'endroit où il a versé ses dernières larmes. J'y déposerai les miennes, je les cacherai dans le sein de l'amitié.

Nous partons après demain pour Paris. Je vais quitter de bons parens, qui, depuis que j'existe, n'ont eu envers moi d'autre tort que de ne pas assez sentir ce que me coûte le sacrifice que je leur ai fait. Ils regardent l'amour comme une erreur aimable, à qui on doit des instans heureux, mais qui ne peut remplir qu'une courte partie de notre existence. Ils ne soupçonnent pas que pour certaines personnes l'amour est l'affaire de toute la vie. Je vais les quitter, et j'en serais, je crois inconsolable, si je ne m'éloignais d'eux sous la protection du plus respectable des hommes.

Maman est froide, mais elle est prudente; elle a de l'expérience, parce qu'elle a beaucoup réfléchi. Peut-être ses conseils me seraient-ils nécessaires : il est tant de circonstances où une jeune femme est embarrassée avec un homme à qui elle ne tient que par la reconnaissance ! Il est tant de choses que l'indifférence ne prévoit pas ! Tu seras mon guide ; je ferai ce que tu me prescriras : fais qu'il ne se repente jamais de m'avoir épousée.

Il est inutile que je te dise que ma maison sera la tienne, que nous nous verrons tous les jours. Je ne t'invite pas à venir rompre des tête-à-tête, difficiles à soutenir ; mais tu dois sentir, comme moi, le besoin de donner des heures entières à l'amitié, et je te tiendrai compte de celles que tu déroberas à M. de Villers.

Nous allons monter en voiture, et je n'ai le temps que d'ajouter quelques lignes à ce que je t'ai déjà écrit. Maman m'a donné des instructions très-générales sur la manière dont je dois me conduire avec M. d'Apremont. Une femme doit être sage, voilà la maxime qu'elle m'a présentée sous mille mots différens. Cela ne suffit pas, je le sens, Claire. Il doit y avoir une délicatesse dans les procédés, une teinte d'affection dans les moindres, choses que le cœur devine, et qui ne s'apprennent pas. Maman n'en a pas d'idée, puisqu'elle ne m'en a point parlé. Mon cœur ne trouvera rien; mais mes yeux te suivront auprès de M. de Villers, qui agit si puissamment sur toi, et je tâcherai de l'imiter... Ah! Claire, imite-t-on l'amour?

Mon père s'est attendri en m'adressant son dernier adieu, en me donnant son dernier baiser. Cependant j'ai remarqué que ses yeux se portaient avec complaisance sur l'intérieur du château, sur les ameublemens, sur le parc. Il était autant au sentiment d'une jouissance nouvelle qu'à celui d'une séparation qui peut durer autant que sa vie. Cette pensée m'a fait de la peine; elle m'a tiré des larmes. Je me suis consolée en pensant que chaque minute va m'approcher de toi. . . . .

Je vais t'écrire quatre lignes de la première auberge où nous nous sommes arrêtés. Trente lieues de faites dans une excellente berline, traînée par six chevaux; deux courriers en avant; les relais prêts à notre arrivée à chaque poste; c'est aller comme des princes. Je suis dans le fond de la voiture avec M. d'Apremont. J'ai demandé que ma bonne Jeannette montât avec nous. Elle est en face de moi. Elle me dispense de trop voir des Audrets, qui est à côté d'elle. Les deux hommes causent; Jeannette et moi, nous nous regardons!...... Cette bonne jeune femme est née avec une pénétration rare : elle entend tout ce que lui disent mes yeux, et les siens me répondent avec une expression !...

De quel coup tu viens de me frapper! Ton exprès m'a jointe à Montauban. Quelle lettre il a remise à Jeannette! De quelle douleur elle m'a saisie! Quoi! ton mari, heureux de ton amour, n'ayant rien à désirer de la fortune, a été séduit par des idées d'ambition! Il renonce à son indépendance; il se charge d'une responsabilité, peut-être au-dessus de ses forces, et pourquoi? Pour se tirer de la foule, pour se mettre en évidence. Eh! ne sait-il pas que le cœur perd tout ce qu'on gagne en célébrité; que les vraies jouissances sont celles de la nature, et que le sage les trouve auprès de lui? Enfin il l'a voulu; il va occuper une grande place à Bordeaux, et il t'emmène avec lui! C'est toi que j'allais chercher à Paris; je n'y trouverai qu'un désert. Ah! pourquoi n'ai-je pas reçu cette lettre plus tôt? Je serais restée à Velzac; j'y aurais vécu auprès de ma mère, dont les conseils, trop généralisés, auraient pu cependant m'être utiles......... Claire, nous continuerons de nous écrire. Le luxe dont tu seras environnée, la considération que tu partageras avec ton mari, ne te feront pas oublier une infortunée, pour qui tu peux beaucoup encore. Elle sent comment on vit avec un homme qu'on aime; mais avec celui.... Ecris-moi, Claire, écris-moi. Ne me prive pas de cette dernière ressource. Doux et intimes épanchemens de l'amitié, vous ne renaîtrez plus pour moi. Il faut donc que je renonce successivement à tout ce qui attache à la vie! Ah! dès long-temps il ne m'en reste que les amertumes.

Nous allions entrer à Arpajon. Jeannette m'a fait un signe très-prononcé. J'ai porté la vue sur le grand chemin, et j'ai cru reconnoître Firmin déguisé en roulier. Mille pensées, plus cruelles les unes que les autres, sont venu m'assaillir. Firmin est au service de M. de Courcelles; il se déguise, quoique M. d'Apremont et des Audrets ne l'aient jamais vu; il vient au devant de nous; c'est moi qu'il cherche. Les précautions que prend cet homme annoncent l'importance de sa mission. Que peut-elle être, bon Dieu! quand il est impossible d'espérer, on ne prévoit que des malheurs, et les catastrophes les plus effrayantes se présentent à mon imagination.

L'incertitude est, je crois, le plus insoutenable des maux, parce que le cœur ne sait auquel s'arrêter, et qu'il les redoute tous à la fois. En arrivant à Arpajon j'ai marqué le désir de prendre quelque chose : je veux donner un moment à Jeannette et à Firmin. Je me fais servir dans une salle basse, et je vois dans la cour la bonne jeune femme passer à côté du prétendu roulier sans s'arrêter, sans même le regarder. Firmin sort ; il se glisse le long des croisées, qui donnent sur la rue ; il reprend le chemin de Paris : sa mission est remplie.

Je prie ces messieurs de sortir un moment et de m'envoyer Jeannette. Elle accourt ; elle met le loquet ; elle tire les rideaux : il faut tant de choses à une femme qui voyage, et quoi de plus naturel que ces petites précautions, quand elle loge au rez-de-chaussée ? Jeannette me remet un papier..... C'est son écriture, grand Dieu ! le malheureux, que me veut-il ?

MADAME,

« Les suites d'une chute très-forte re-
« tiennent depuis trois jours madame de
« Courcelles au lit. Quelque déférence
« que j'aie pour vos ordres, je n'ai pu
« prendre sur moi de l'abandonner dans
« l'état où elle est. Vous êtes trop équita-
« ble et trop sensible pour trouver mau-
« vais que j'accorde à mon épouse des
« soins que vous ne refuseriez pas à un
« être qui vous serait indifférent.

« Vous sentez, Madame, ce que je
« dois d'égards à l'oncle de madame de
« Courcelles. Je ne peux me dispenser de
« lui aller rendre mes devoirs au mo-
« ment où il arrivera à Paris. Je me dis-

« pense d'entrer dans des détails, qui se-
« raient, je crois, infiniment pénibles
« pour tous deux. Mais soyez certaine
« que je me soumettrai, sans murmu-
« re, à ce que votre prudence me pres-
« crira. »

Il m'est impossible de te rendre l'effet que ce billet a produit sur moi. Mon premier mouvement, je te l'avoue à ma honte, a été au plaisir de revoir un être qui me fut si cher, et dont je me croyais éloignée pour jamais. Un prompt retour sur moi-même m'a fait sentir les dangers auxquels je vais être exposée. J'en ai frémi, Claire, et je n'y peux songer sans un serrement de cœur affreux. Hélas, le ciel m'est témoin que depuis mon mariage j'ai tout fait pour être toujours digne de l'homme qui m'a associée à son sort. Mais l'épreuve à laquelle je suis réservée est trop forte pour mon cœur et ma faible raison. L'infortuné ! Il invoque ma prudence! Hé, quelles armes veut-il que je lui oppose à lui?

Je suis éloignée de ma mère; tu n'es plus à Paris; je n'ai de ressources que dans sa délicatesse et son honneur; c'est à lui seul qu'il appartient de me sauver de moi-même. Il le fera, Claire; il est généreux; il me l'a prouvé au moment fatal, où son amie délirante invoquait les derniers bienfaits de l'amour.

Ne crois pas que, m'abandonnant sans réserve à un sentiment impétueux, j'attende tout de l'homme qui le partage. Mes efforts seconderont les siens; j'opposerai mon devoir à mon cœur; ce que la vertu a de plus sublime me soutiendra dans ces combats, et l'estime de moi-même sera la douce récompense de ma victoire.

..... Cependant lorsque je pense que, dans deux heures, je reverrai cette figure enchanteresse, que je retrouverai ce sourire qui portait le trouble dans mes sens ; que j'entendrai encore cette voix qui caressait si doucement mon oreille..... Ah! il ne se permettra plus ces expressions brûlantes qui animaient et qui charmaient mon cœur. Jules, Jules, ménage l'objet de ton constant amour ; ne l'avilis point à ses yeux et aux tiens.

Que dis-je? Suis-je certaine qu'il m'aime encore? Y a-t-il dans son billet un seul mot qui dise *amour*? Sa condescendance à mes volontés tient-elle à autre chose qu'aux égards, dont un honnête homme ne s'écarte jamais envers une femme qui lui a été chère?...... Ah! que je serais heureuse, s'il avait cessé de m'aimer ! Je souffrirais seule, et il ne serait plus dangereux pour moi.... Heureuse! le serais-je, Claire?.... Je ne le crois pas.

Nous arrivons à la barrière. Un tremblement général me saisit; ma tête se monte, et bientôt mes idées s'obscurcissent. Je ne suis plus qu'une frêle machine, jouet de toutes les passions, tourmentée de souvenirs, et de remords anticipés.

CHAPITRE III.

Jules et des Audrets.

La voiture entre dans une vaste cour; elle arrête devant un péristyle; on m'aide à descendre; je me laisse conduire.... Le nuage qui est sur mes yeux se dissipe. Je regarde autour de moi.... Il est là, Claire, il est là. Il attendait son oncle. Il le salue, il l'embrasse!.... Son cœur n'est plus à moi, non, il n'est plus à moi : embrasse-t-on le mari d'une femme qu'on aime? Il m'adresse de ces choses qui pourraient me flatter dans la bouche d'un autre.... Ah! Claire, quelle froideur!.... ou quel empire il a sur lui!

Je me fais conduire à mon appartement. Jeannette me met au lit. Elle veut se retirer; je la retiens. Mon amie, n'aimestu pas à parler de M. de Villers, quand tu n'es pas avec lui? J'exprimais mes doutes, mes craintes, mes vœux, des vœux coupables sans doute, mais auxquels je ne me rendrai jamais..... Peutêtre ne voulais-je que m'entendre dire ce que je n'ose plus croire. Comme Jeannette me devine! Elle a vu, dit-elle, la rougeur sur le front de Jules; elle a remarqué de l'embarras; tout en lui annonce un amour violent et contraint.... J'ai attiré Jeannette à moi; je l'ai pressée dans mes bras.

Humiliée et de mes sentimens et de ma conduite, je me suis tournée ; ma main a repoussé Jeannette. Je lui ai dit de me laisser, d'annoncer que je suis fatiguée à l'excès, que je veux me reposer, que je ne veux voir personne. Que pouvais-je faire et dire de plus?

Mais ce prétexte d'aujourd'hui me

servira-t-il demain, après demain? Que deviendrai-je, mon Dieu ! je veux être sage, vous le savez. Inspirez-moi, secourez-moi, soutenez-moi. Ce malheureux sera faible à son tour : je n'attends plus rien que de vous.

On entre chez moi, malgré mes ordres. Jeannette m'annonce M. d'Apremont. Je ne peux me dispenser de le recevoir. Il s'approche de mon lit ; il m'interroge sur mon état avec le ton de la plus touchante bonté. Ah ! quel mal il me fait ! qu'il est dur de recevoir des marques d'affection, quand on sent qu'on ne les mérite pas ! mais est-il bien vrai que je sois coupable ? Des lois, des cérémonies sont-elles plus respectables, plus fortes que la nature ; doivent-elles lui imposer silence ; dépend-il de nous de lui résister ?... Oublie ce que je viens d'écrire, Claire ; je tâcherai de l'oublier moi-même. Puissé-je être toujours digne de M. d'Apremont ; puisse-t-il ne se repentir jamais de m'avoir épousée !

« Un homme est derrière lui, et la
« disposition des lumières m'empêche
« de le reconnaître. Elle est assez bien,
« dit M. d'Apremont. Approchez-vous,
« monsieur, et embrassez votre tante. »

Oh ! mon amie, j'ai été près de m'élancer de mon lit, de tomber aux genoux de M. d'Apremont, et de m'écrier : éloignez-le, éloignez-le ; vous allez nous perdre tous. J'ai senti, qu'en me sauvant, je détruirais sans retour l'illusion à laquelle tient peut-être la vie de mon époux. Je suis restée immobile; j'ai étouffé des soupirs, des sanglots ; j'ai attendu le coup mortel pour quatre : cette femme n'a-t-elle pas aussi des droits incontestables !

Mes yeux étaient fermés. Je craignais de voir cette figure enchanteresse, embellie encore de l'incarnat du désir. J'ai senti ses lèvres effleurer mon front; j'ai entendu distinctement un soupir.... Il s'est perdu dans le fond de mon cœur. Ma main était là; elle ne cherchait pas la sienne; la sienne aurait pu la rencontrer.... Il s'est éloigné, Claire; mais il a soupiré encore, et l'indifférence ne soupire pas.

Il veut prendre congé de nous. M. d'Apremont le fait asseoir.

« Pourquoi, monsieur, n'avez-vous
« pas embrassé votre tante, quand elle
« est descendue de sa voiture? — Je
« craignais, monsieur, que cette liberté
« vous déplût. — Ne l'avez-vous jamais
« embrassée? — Monsieur.... Elle....
« Elle était libre alors. — Un baiser in-
« nocent n'est jamais déplacé et ne peut
« alarmer personne. Vous me jugez re-
« lativement à mon âge, je le vois, et
« vous ne me rendez pas justice. Je me
« la rends et je n'ai pas la prétention de
« remplir exclusivement le cœur de ma-

« dame. Vous avez été élevé chez M. de
« Méran; vous avez été le frère d'Adèle;
« soyez-le toujours, mon cher Cour-
« celles. — Quoi, monsieur, vous sa-
« vez?...—Oui, des Audrets m'a tout dit,
« et j'ai pensé d'abord, je vous l'avoue,
« que vous aviez pu être unis par un
« sentiment plus vif que celui de l'ami-
« tié. Il a ramené le calme dans mon
« âme par une réflexion très-simple : on
« ne peut être infidèle à madame, et si
« vous l'aviez aimée, vous n'auriez pas
« épousé ma nièce. Cependant, ma
« bonne amie, ces petits mystères-là
« détruisent insensiblement la confian-
« ce, sans laquelle il n'est pas de bon-
« heur réel. Promettons - nous de ne
« nous rien cacher à l'avenir. »

Tu prévois en quel état j'étais, en écoutant M. d'Apremont. Un criminel, traduit devant son juge, n'éprouve pas plus d'anxiétés.

Jules partageait mon embarras et mes alarmes. Il craignait sans doute que M. d'Apremont n'eût pas dit tout ce qu'il sait. En effet, des Audrets n'a pu connaître que par des domestiques les soins et les secours que Jules a reçus de mon père pendant dix ans, et ils ne se sont pas tû probablement sur un projet de mariage qui a été public.... Ah! quel mariage, s'il se fût fait! l'amour l'eût consacré; un bonheur sans bornes èt sans mélange nous l'eût rendu plus cher chaque jour.... Claire, des Audrets sait tout, j'en suis convaincue. Il paraît renoncer à d'odieux projets, et il en prépare sourdement le succès. Quel intérêt aurait-il eu à rechercher ce qui s'est passé dans ma famille avant mon mariage; pourquoi n'aurait-il dit à M. d'Apremont qu'une partie de la vérité, s'il n'avait voulu se conserver les moyens d'avancer, ou de retrograder selon les circonstances?... Qu'il tremble; Jules est ici; il sera mon protecteur, et le crime pâlira devant lui.

M. d'Apremont a marqué le désir de voir sa nièce, et Jules est sorti avec lui. J'avais un besoin d'épancher mon cœur, de trouver quelqu'un qui m'écoutât déraisonner et qui eût la complaisance de déraisonner avec moi! j'ai sonné. Jeannette a paru. Il n'est pas flatteur d'être réduit à vivre d'une manière intime avec ses gens. Mais la bonne jeune femme peut être exceptée. Elle mérite d'être distinguée par sa discrétion et son dévoûment absolu.

Nous avons parlé long-temps.... Tu sais bien de qui. Jeannette a fait les mêmes remarques que moi. Il s'est formé, il est embelli, et l'usage du monde lui a donné une noble assurance, qu'il n'avait pas au château, et qui lui sied si bien! nous nous sommes peu arrêtées à ces choses, qui, cependant sont très-intéressantes ; mais nous ne pouvions nous lasser de parler de deux cœurs également tourmentés, de chercher ce qui se passe dans le sien, comme si nous pouvions l'ignorer. Etrange empressement de se rendre plus misérables ! son amour ne doit-il pas faire son désespoir et le mien ? J'en suis convaincue et je sens que son cœur m'est nécessaire, comme l'air que je respire. Oh ! oui, oui, cette femme l'a séduit. Il était innocent, même en tombant dans ses bras. Dans ses bras ! Ah ! Claire, quelle image ! Et mon imagination la reproduit sans cesse.

Que de raisons m'éloignent de cette femme, à qui cependant je ne pourrai refuser quelques marques d'attention ! La bienséance, ce que je dois à son oncle m'imposent la loi de surmonter une répugnance qui va quelquefois jusqu'à l'aversion. Jeannette, qui a du jugement, me fait observer que c'est en voyant fréquemment madame de Courcelles que je ferai revenir entièrement M. d'Apremont des idées qu'a pu lui communiquer des Audrets. Cette réflexion me ramène sur l'explication qui a eu lieu une heure auparavant. J'interroge Jeannette ; elle me proteste qu'elle ni son mari n'ont jamais prononcé le nom de M. de Courcelles en présence de des Audrets. Elle ajoute qu'il n'a pu rien savoir de Firmin ni d'Ambroise, qui nous ont quittés en Normandie ; mais elle se rappelle que, lorsqu'elle allait jaser avec les femmes de mademoisellle d'Apremont, des Audrets lui a parlé plusieurs fois du renversement subit de notre fortune et des causes qui l'ont amené ; elle ne se souvient pas d'autre chose. Rien de moins satisfaisant que ces réponses, et rien de plus vrai, j'en suis certaine.

M. d'Apremont rentre ; il fait servir à côté de mon lit, il me parle beaucoup de sa nièce, de l'affection que lui porte son mari, de la douce harmonie qui règne entr'eux, et il semble vouloir pénétrer mes plus secrètes pensées. Il me fixe avec une continuité qui me fait horriblement souffrir. Je parviens cependant à me contraindre au point de lui répondre avec une aisance qui peut faire croire au repos de mon cœur. Voilà, Claire, voilà l'effet des institutions humaines; elles forcent à la dissimulation une femme qui a toujours chéri la vérité, et à qui il n'est plus possible de la dire. Voilà mon premier crime, et ce n'est pas le mien; il est celui des cruels qui m'ont forcée à donner ma main sans mon cœur; qu'il retombe sur eux.... Misérable! Qu'ai-je dit? C'est mon père, c'est ma mère que j'accuse! Que Dieu les bénisse et que je souffre seule.

Je ne peux supporter l'inquiétude où je suis; je continue à me plaindre de la fatigue : M. d'Apremont se retire.

J'ai passé une assez mauvaise nuit. Je

voudrais être réellement malade, ne pas sortir, et ne recevoir personne, celui surtout avec qui je n'oserais plus être vraie, à qui je dois cacher l'amour le plus tendre et le plus constant. Tu ne saurais croire à quel point je redoute une entrevue avec sa femme : cependant je sens la nécessité de me soumettre, et surtout de donner à cette démarche une apparence d'amitié. Je me fais habiller, et je propose d'un air riant à M. d'Apremont de m'accompagner chez sa nièce. Hélas! je le sens à présent, que d'yeux sereins par devoir, et qui se noyent en secret dans les larmes!

Madame de Courcelles était sur une chaise longue, parée de ce que le négligé le plus recherché peut ajouter à la nature. Son état est ce qui m'a frappée d'abord, et un mouvement, dont je n'ai pas été maîtresse, m'a fait détourner la vue... c'est lui qui l'a rendue mère, et moi..... Ah! Claire, cette idée me brise le cœur. Elle a répondu à mon compliment avec une affabilité qui ne m'a pas abusée. Je ne l'estime pas assez pour croire qu'elle voie sans un dépit secret celle qui lui enlève cent mille écus de rente, et elle ne peut avoir oublié cette lettre dont je m'étais emparée et qu'elle a déchirée dans un accès de fureur. Au reste, les démonstrations extérieures ont été, de part et d'autre, ce qu'il fallait pour satisfaire M. d'Apremont.

Il demande des nouvelles de M. de Courcelles. Madame répond, d'un air distrait, qu'il est chez lui, qu'elle le croit occupé. M. d'Apremont prie sa nièce de lui faire dire que nous sommes à l'hôtel. C'est Firmin qu'elle charge de l'avertir; il saura que je suis ici; et, si la prudence l'éloigne de moi, il ne pourra se refuser à l'invitation de son oncle. Je vais le voir!... mais il faudra que j'impose silence à mon cœur, que je mette un masque sur ma figure, que je prenne celui de l'indifférence.... Il vaudrait mieux qu'il ne vînt pas, je le sens, et je serais affligée, profondément affligée s'il ne descendait pas. A quelle étude je suis réduite ! Toujours tromper les autres, m'efforcer d'être impénétrable, ériger le mensonge en principes, voilà mon sort.

On ouvre une porte.... Le cœur me bat avec une extrême violence..... Ce n'est pas lui, c'est Firmin qui annonce qu'il va paraître. Je vois un piano ; je cours y cacher mon trouble, ma rougeur. Il entre. M. d'Apremont a les yeux sur moi : quel supplice ! Je crois cependant que je me possède assez pour lui imposer. Des dames, quelques jeunes gens se présentent ; la conversation s'anime, elle devient générale, je me remets entièrement, j'observe et je réfléchis.

Madame de Courcelles est l'objet de tous les hommages ; elle est charmante pour ceux à qui elle veut plaire ; elle les provoque, elle les attire, elle ne laisse aux autres femmes ni une attention ni un regard. Le mariage ne l'a pas changée, et le malheureux qui l'a épousée est le seul qu'elle n'aperçoive pas ; il paraît étranger dans sa maison : ceux mêmes qui la fréquentent ont l'impudence de l'y compter pour rien ; ils suivent l'impulsion que leur donne madame. Jules être nul quelque part ! celle qui devrait être fière du titre de son épouse, s'éloigne de lui, et en écarte les autres ! La misérable ne l'a jamais aimé, je te l'ai dit, Claire. Elle a voulu un état : l'homme qui le lui a donné n'est plus rien pour elle.

Et M. d'Apremont me parle de l'harmonie qui règne entr'eux ! Ils sont d'accord sur un seul point, sur l'éloignement qu'ils ont l'un pour l'autre. M. d'Apremont n'a pu s'y tromper, et il a sans doute des raisons particulières pour s'être exprimé ainsi. Que ne donnerais-je pas pour les connaître, et je ne peux que les soupçonner.

Jules est seul dans un coin ; il rêve profondément ; il pense peut-être au rôle humiliant qu'on lui fait jouer ; peut-être il s'occupe des moyens de remonter à sa place et de faire descendre sa femme à la sienne... Peut-être, ah ! peut-être il compare son sort à celui que je lui réservais. Quels égards, quelles prévenances, quels soins je lui eusse prodigués ! L'amour le plus tendre les eût rendus faciles pour moi et précieux pour lui. Prévenir et combler les vœux de l'être qu'on adore, ce n'est pas obéir, c'est jouir. Les yeux de Jules se portent sur les miens, il m'adresse un regard douloureux.... ah ! je l'entends.

Madame de Courcelles nous invite à dîner. M. d'Apremont me demande ce que je veux faire : je ne veux pas qu'il interprète mon refus ou mon acceptation ; je lui réponds que je ferai ce qui lui conviendra. Il reste. Si je vois juste, nous sommes dans un état de défiance mutuelle ; elle doit amener une guerre sourde qui fera le malheur de M. d'Apremont et qui comblera mes infortunes. Il faut que ces premiers nuages se dissipent. J'opposerai la plus grande franchise au soupçon quand je serai instruite. Si des Audrets connaît notre amour, j'en ferai l'aveu à mon époux, je me mettrai sous sa protection, je le prierai de me conduire dans ses terres et de me sauver de moi-même. Cette conduite l'affligera, je le sens ; mais elle me rétablira dans son estime, et elle assurera mon repos.

Un dîner n'est jamais gai quand on le partage avec des gens inconnus pour la plupart, avec un être qu'on aime trop, et qu'on est occupé de réflexions sérieuses. J'entendais rire autour de moi, et je n'étais pas à la conversation. Madame de Courcelles parlait beaucoup, était souvent applaudie; voilà tout ce que j'ai remarqué. Jules était à un bout de la table, moi à l'autre, et nous ne nous sommes pas adressés un mot. M. d'Apremont paraissait nous observer tous deux, et j'ai pensé que ce silence affecté entre jeunes gens, qui ont été élevés ensemble, pouvoit être interprété à notre désavantage. J'ai voulu parler à Jules, et telle était ma préoccupation, que je ne pouvais lier deux phrases de suite. J'ai feint une violente migraine: c'est, je crois, la ressource des femmes qui n'en ont pas d'autre, et qui veulent cacher une vive émotion. Je me suis levée en disant que l'air me soulagerait. M. d'Apremont m'a suivie; il m'a témoigné le plus tendre intérêt, et il était de bonne foi: la dissimulation ne s'exprime pas ainsi. J'ai jugé que mes observations et mes craintes sont sans fondement.

Mais il est si facile de croire ce qu'on redoute !

Je me suis sentie rassurée, et j'ai dit que je me trouvais mieux. M. d'Apremont m'a présenté la main, et m'a conduite au salon où on venait de passer. Jules, que j'avais soigneusement évité pendant trois heures, dont l'œil darde tous les feux de l'amour, dont le son de voix me fait frissonner, Jules était dans un fauteuil à côté de celui où M. d'Apremont m'a placée. J'ai été tentée de me lever et de fuir à l'extrémité du salon. Un sentiment de prudence m'a retenue. Tout ce qui est exagéré doit paroître suspect, et je n'ai aucune raison apparente d'éviter M. de Courcelles. Je lui ai parlé d'un opéra, nouveau en province, et que je n'ai pas vu : il fallait bien dire quelque chose. Depuis dix-huit mois cet ouvrage est oublié à Paris, et les courtisans de madame ont éclaté de

rire, comme si j'avais dit une sottise, et qu'ils eussent le droit de la relever. Ils savent, tous les hommes savent peut-être, qu'on ne fait pas mieux sa cour à une femme que lorsqu'on en humilie une autre. M. d'Apremont a rougi de colère, il a adressé des choses très-fortes à ces messieurs, qui se sont efforcés gauchement de justifier une impertinence. Jules et moi avons trouvé le moment de nous dire quelques mots. « Êtes-vous heureuse? — Et vous?» Deux soupirs se sont échappés à-la-fois. « Comment M. d'Apremont se conduit-
« il? — Bien, très-bien. — Ah! je serai
« moins malheureux. — Mais il soup-
« çonne, je le crois, que je vous ai
« beaucoup aimé. — Que vous m'avez
« aimé, dites-vous? Ah! Adèle. — Ah!
« Jules. — Un amour comme le nôtre
« s'éteint-il jamais? — Nous nous som-
« mes ôté le droit d'en parler, et c'est
« vous qui m'en avez donné l'exemple.

« — Combien j'ai expié, combien j'ex-
« pie tous les jours une faute, qui ne
« fut pas la mienne ! — Ah ! je le crois,
« mon ami ; mais, par grâce, ne parlons
« plus de cela. — Ne craignez rien,
« Adèle. Je vous respecte autant que je
« vous aime. » La conversation est devenue générale.

Entends-tu, Claire, il me respecte autant qu'il m'aime. Je peux donc me livrer avec sécurité au doux penchant de mon cœur. Sans doute il est affreux de vivre avec la certitude de n'être jamais à l'homme qu'on adore ; mais tourmens d'amour ne sont pas sans douceurs. Cet état est préférable au repos apathique de l'indifférence : cette espèce de calme ressemble au silence des tombeaux. . . . .
. . . .

J'arrive à un incident qui peut avoir pour moi les suites les plus funestes, et contre lequel la prévoyance et la sagesse offrent bien peu de ressources. Plains ta déplorable amie, et conseille-la, si tu vois quelque moyen de la soustraire aux écueils entre lesquels elle marche. Ce matin, M. d'Apremont est sorti, et pour la première fois des Audrets est entré dans mon appartement sans se faire annoncer. Je lui ai marqué ma surprise et mon mécontentement de cet oubli des convenances. « Il ne s'agit pas, madame, « a-t-il dit, de convenances, ni d'autres « semblables niaiseries, mais d'une ex- « plication dont va dépendre le sort de « votre vie.

« Mademoiselle d'Apremont a rejeté « mes vœux, et je l'en ai punie en lui « ôtant cent mille écus de rente. Je vous « les ai donnés malgré vos premiers « refus. J'ai inspiré à M. d'Apremont « l'estime et la confiance qui vous ren- « dent aussi heureuse que peut l'être « une femme qui n'aime pas son époux. « Il dépend de vous que cet état soit

« durable, et il est inutile de vous rap-
« peler à quel prix je le maintiendrai.
« — Sortez, monsieur, sortez; dispen-
« sez-moi d'en entendre davantage. —
« Non, madame, je ne sortirai pas, et
« vous m'écouterez.

« Inébranlable dans la résolution que
« j'ai prise à votre égard, j'en ai préparé
« le succès par tous les moyens que m'a
« suggérés la prudence. Vous les nom-
« merez astuce, perfidie, atrocité : il
« m'importe peu que vous opposiez des
« mots à un cours d'événemens qui doit
« vous entraîner.

« Persuadé de la facilité avec laquelle
« on allume la jalousie d'un vieillard,
« j'ai senti que votre destinée est dans
« mes mains. J'ai pensé aussi que je
« doublerais mes avantages, si j'avais
« à avancer quelques faits positifs, et
« j'ai fait parler Jeannette. Je n'ai pas
« eu la maladresse de l'entretenir de
« vous : je connais l'attachement que

« vous lui portez, la confiance que vous
« avez en elle; cela suppose des services
« essentiels rendus, et vous nommer
« eût été lui fermer la bouche. Je lui ai
« parlé de M. de Méran, de ses revers,
« et j'ai appris les rapports d'intérêt qu'il
« a eus avec un M. Rigaud, qui exerce
« maintenant une petite place à Cher-
« bourg Les femmes sont faciles en gé-
« néral, et une démarche, couverte du
« voile de l'amitié, réussit presque tou-
« jours auprès d'elles. J'ai écrit à ma-
« dame Rigaud que M. d'Apremont,
« homme âgé et puissamment riche, se
« plaît à faire des heureux ; qu'il était
« disposé à corriger envers vous les torts
« de la fortune ; et qu'il dépendait d'elle
« de vous rapprocher de l'homme que
« vous aimez ; qu'il suffisait pour cela
« de m'indiquer son domicile actuel,
« afin qu'on pût traiter directement avec
« sa famille, épargner ainsi à M. de
« Méran des discussions d'intérêt, tou-

« jours dures pour celui qui reçoit, et
« surtout l'humiliation d'un refus for-
« mel, si les vues bienfaisantes de
« M. d'Apremont restaient sans effet.
« J'ignorais si vous aimez ou non; mais
« l'affirmative me paraissait possible, et
« s'il n'en eût rien été, ou si madame
« Rigaud n'en eût rien su, je n'aurais
« hazardé qu'une lettre, qui devenait
« sans conséquence.

« Cette femme a pour vous un sincère
« attachement; mais elle est crédule et
« confiante à l'excès. Elle a saisi avec
« avidité, avec une sorte d'enchante-
« ment, l'ouverture que je lui ai faite.
« Elle m'a répondu dans le plus grand
« détail; elle m'a écrit l'histoire du mar-
« ronier, du chiffre et des premiers bai-
« sers d'amour; elle ne m'a confié tout
« cela, dit-elle, qu'afin de me prouver
« jusqu'à l'évidence que le bonheur de
« votre vie était attaché à votre union
« avec M. de Courcelles. Elle finit en

« bénissant M. d'Apremont, et en ap-
« pelant sur moi les faveurs célestes :
« les bonnes femmes ont toujours une
« petite dose de dévotion.

« Nanti de cette pièce importante,
« que je ferai valoir si vous m'y forcez,
« je suis avancé rapidement dans la
« route que je me suis tracée. Vous avez
« dû remarquer depuis quelques jours
« de l'incertitude, de l'irrésolution dans
« la manière d'être de M. d'Apremont
« à votre égard : en voici les raisons.
« Je lui ai appris que M. de Courcelles a
« été élevé avec vous; j'ai insinué qu'un
« beau garçon a pu être dangereux pour
« une jeune personne de votre âge;
« mais j'ai observé en même temps que
« s'il vous eût réellement aimée, il n'eût
« pas épousé mademoiselle d'Apremont.
« Tantôt je parais craindre les suites
« du sentiment qui a pu vous lier à ce
« jeune homme; tantôt je rejette cette
« pensée, comme injurieuse pour vous.

« Si je suis satisfait de votre conduite à
« mon égard, je ramènerai dans l'esprit
« de M. d'Apremont une sécurité abso-
« lue ; je la détruirai sans retour, si vous
« persistez dans vos refus. J'éleverai d'a-
« bord quelques nuages ; bientôt je les
« accumulerai ; je les précipiterai les uns
« sur les autres ; je susciterai des orages,
« et le premier effet de mes persécutions
« secrètes sera de vous séparer de Jean-
« nette, qui vous est, je crois, très-né-
« cessaire, et qui, s'il me plaît, ne sera
« plus avec vous dans quatre jours.

« Je n'ai à craindre ici que M. de
« Courcelles ; mais vous ne l'armerez
« pas contre moi. Il vous est trop cher
« pour que vous l'exposiez aux chances
« toujours incertaines d'un combat par-
« ticulier. Vous ne m'arrêterez pas non
« plus en cherchant à m'inculper auprès
« de M. d'Apremont. Vous êtes vindi-
« cative, vous me l'avez prouvé ; mais
« vous n'avez ni l'énergie, ni la pré-

« sence d'esprit qui pourraient vous tirer
« des embarras et des alarmes conti-
« nuelles où je vous jetterai. Au premier
« mot que me dira votre mari, j'entre
« dans votre appartement, la lettre de
« madame Rigaud à la main ; je vous
« reproche devant lui l'ingratitude dont
« vous payez ses bienfaits ; je fais res-
« sortir avec malignité les scènes volup-
« tueuses qui se sont passées entre M. de
« Courcelles et vous ; j'irrite la jalousie
« déjà très-active de M. d'Apremont ; je
« vous accuse d'être encore d'intelli-
« gence avec votre amant ; je vous rap-
« pelle l'adresse avec laquelle vous avez
« saisi hier l'occasion de lui parler en
« particulier ; je soulève le voile qui
« couvre l'avenir, et je vous montre
« tous les deux abandonnés aux trans-
« ports d'un amour effréné. Je n'aurai
« pas besoin d'ajouter que vous voulez
« m'éloigner, parce que, témoin incom-
« mode et sévère de vos actions, je rem-

« plis les devoirs de l'amitié envers
« M. d'Apremont : cette réflexion se
« présentera naturellement à lui. Exas-
« péré, furieux, il éclatera, il tonnera
« sur vous. Je vous connais ; vous rou-
« girez, vous pâlirez, vous fondrez en
« larmes, vous tomberez à genoux,
« vous conviendrez des faits, vous de-
« manderez pardon et vous ne l'obtien-
« drez pas.

« Je vous donne vingt-quatre heures
« pour vous décider ; demain je vien-
« drai prendre votre réponse. »

Il eût parlé des heures encore sans que j'eusse pensé à l'interrompre. Je ne peux entendre prononcer le nom de l'homme adoré sans être hors de moi, et les menaces du monstre, et la profondeur de son plan se réunissaient pour m'accabler, pour m'anéantir. Te l'avouerai-je, Claire, cette scène, qu'il se proposait d'amener entre M. d'Apremont et moi, a eu lieu à l'instant même. Je n'ai pas rougi de tomber aux pieds de l'infâme, de le supplier de m'épargner, d'épargner mon amant dans l'esprit de sa femme et de son oncle. J'ai mouillé ses genoux de mes larmes, et l'excès de ma douleur a dû lui apprendre ce qu'ignore madame Rigaud, qu'il m'est impossible de vaincre mon amour, et qu'il est à la fois le tourment et le charme de ma vie. Sourd à mes supplications, insensible à la position humiliante où je m'étais mise devant lui, ses yeux étincelaient des feux de la luxure ; sa bouche écumait ; des mains, impatientes du crime, le préparaient déjà..... J'ai retrouvé tout-à-coup cette énergie dont il ne me croyait pas susceptible ; je me suis relevée ; j'ai tiré violemment le cordon de ma sonnette.... Il en avait, m'a-t-il dit, détaché le fil de fer, et j'étais à sa discrétion... Jeannette a paru lorsque je me croyais sans ressource. « J'ai tout entendu, s'est écriée « la bonne jeune femme, et qui se con-

« duit comme vous venez de le faire ne
« peut-être qu'un lâche. Je vais trouver
« M. de Courcelles; vous recevrez de
« lui le châtiment que vous méritez, et
« vous me perdrez ensuite si vous pou-
« vez le faire. — C'est bien, c'est très-
« bien, ma petite; vous êtes la digne
« confidente de madame. — Elle vous a
« ordonné de sortir; je vous en réitère
« l'ordre. Si vous refusez de vous y ren-
« dre, j'appelle mon mari, et les gens
« de notre état savent comment on
« chasse un homme tel que vous » Le
misérable est sorti, en balbutiant des
menaces que sans doute il effectuera.

Je t'ai déjà dit que je n'ai ici que Jules
pour protecteur. J'ai saisi l'idée de Jeannette; je l'ai chargée d'aller le prier de
se rendre chez moi. J'ai mis Jérôme dans
mon antichambre, et j'ai laissé toutes
les portes ouvertes.

Jeannette était à peine sortie, quand
j'ai pensé que la férocité n'exclut pas le

courage, et que peut-être des Audrets ne s'est contenu à l'égard de Duverlant et des deux autres, que pour ménager la réputation de mademoiselle d'Apremont et la sensibilité de son oncle. J'ai frissonné en pensant au danger où j'allais exposer celui qui est l'âme de ma vie, en qui depuis quatre ans je trouve mon univers. Hélas! la même crainte m'a empêchée de dévoiler à mon père les premiers outrages que j'ai reçus de des Audrets. Plus courageuse, j'aurais banni de la maison paternelle M. d'Apremont et son faux ami; je serais libre encore, et je me livrerais sans remords à la passion qui m'égare, qui m'entraîne, et qui ne finira qu'avec moi.

Tourmentée par le sentiment de ma position, et par des idées impossibles à concilier, je suis tombée dans un fauteuil, étouffée dans mes sanglots, incapable de consulter mon jugement, et de prendre une résolution. Si l'infâme eût été là, il triomphait, et je mourais de honte et de douleur. J'ai appelé Jérôme; je l'ai fait asseoir à côté de moi; j'ai retrouvé quelque force en pensant que j'étais sous la sauve-garde d'un honnête homme.

Alors des réflexions plus suivies se sont présentées à moi J'ai senti qu'il fallait dire ou taire tout à M. de Courcelles; que lui détailler les infamies auxquelles je viens d'être en butte, c'était renoncer à tout moyen de conciliation, que s'il n'y a pas de sang répandu, un éclat terrible est inévitable, et que la violence même de Jules le tournera contre moi. Si je me tais, et que je ne donne aucun motif raisonnable au message dont j'ai chargé Jeannette, je paraîtrai avoir désiré avec Jules une entrevue particulière que la calomnie ne manquera pas d'empoisonner. Il est là, le monstre; il épie mes actions, mes discours; il se fera des armes de tout. Que pensera Jules lui-même, si je ne l'ai mandé que pour lui parler de choses indifférentes ? Ne sait-il pas que ces conversations, insignifiantes d'abord, entre deux êtres qui s'adorent, prennent bientôt le caractère du sentiment qui les domine ? N'a-t-il pas éprouvé comme moi que les mots brûlent, et amènent ces baisers qui portent le délire à son comble ? Lui donnerai-je lieu de croire que je suis avide de ces caresses qui m'ont conduite une fois au bord du précipice; qu'insensible à sa générosité, à qui je dois l'honneur, je veux faire de lui mon complice, et le conduire au mépris des nœuds respectables qui nous lient l'un et l'autre ? Ah ! Claire, quelle horrible perplexité !

Pendant que je flottais au milieu de ces irrésolutions, que je m'interrogeais sur le parti que j'avais à prendre, Jules et Jeannette sont entrés avec la rapidité de la foudre. Jules était rouge de colère; ses membres étaient agités de mou-

vemens convulsifs. « Où est, s'est-il
« écrié, le misérable qui ose m'inculper,
« et outrager la plus respectable des
« femmes ? Je me suis levée précipitamment ; j'ai porté une main sur sa
bouche ; j'ai senti de l'autre des pisto-
lets sous son habit.

J'étais destinée à embrasser ce jour-là
les pieds de ceux que je hais, que j'aime
et que je crains. Je me suis jetée à ceux
de Jules ; je l'ai conjuré, par l'amour le
plus tendre, de ménager ma réputation,
le repos de sa femme, de se conserver
pour l'enfant qui lui devra bientôt le
jour. Ce que le sentiment a de plus tendre, ce que la nature a de plus touchant,
j'ai tout employé, tout épuisé, et sans
succès : il était altéré de sang.

Injuste envers Jeannette, oubliant
que je l'ai moi-même envoyée chez Jules, je lui ai reproché de l'avoir instruit,
comme s'il était possible de se taire quand
on tremble pour quelqu'un à qui on est

étroitement attaché. J'ai éclaté en plaintes, en murmures; et rendue entièrement au sentiment de mon devoir, j'ai interpellé Jules. Je lui ai demandé de quel droit il se déclare mon défenseur; pourquoi il ose entrer armé chez mon mari, qui peut se montrer inopinément et demander, du ton d'un maître irrité, la cause du désordre où nous sommes l'un et l'autre. « Vous exposerez-vous
« à porter une main coupable sur l'hom-
« me à qui je me suis donnée? Ajoute-
« rez-vous un crime aux obstacles sans
« nombre qui nous séparent déjà? Ne
« sentez-vous pas que je me jetterai entre
« M. d'Apremont et vous, et que je re-
« cevrai le premier coup? » Il ne m'a pas répondu un mot, et j'ai jugé à la sombre expression de sa figure, à la contraction continuelle de ses muscles, qu'il était inébranlable dans sa résolution.

Quel bizarre assemblage de contradictions que le cœur humain ! Je me suis livrée à de nouvelles alarmes, et je n'ai plus écouté que le cri de mon cœur. Convaincue que le langage de la raison, de la prudence, de l'amour même, ne pouvait rien sur son ressentiment, j'ai voulu essayer si d'innocentes caresses n'auraient pas cette force entraînante qui soumet, qui éteint toutes les autres sensations. Je n'avais rien à craindre de lui ni de moi : Jeannette et son mari étaient présens.

Je me suis approchée ; j'ai pris sa main ; je l'ai portée sur mon cœur et sur mes lèvres. Je l'ai enlacé dans mes bras ; je l'ai pressé sur mon sein ; ma bouche effleurait son front, ses joues, et lui adressait, par intervalles, les plus tendres supplications. Quel moyen, Claire ! Qu'il est puissant et doux à la fois ! Malheureuse, combien je regretterai de l'avoir employé ! Il était rouge encore ; mais ce n'était plus l'indignation qui colorait sa figure enchanteresse ; c'étaient l'amour et tous ses feux ; ses yeux en peignaient le délire ; j'allais triompher, je n'en doute pas ; il se serait éloigné, quand M. d'Apremont et des Audrets ont paru.

« Que vous ai-je dit ? s'est écrié le
« monstre. Le désordre est à son com-
« ble, vous le voyez, et j'avoue que je
« ne le croyais pas. » Jules s'est dégagé de mes bras avec violence ; il a été droit à M. d'Apremont. « Cet homme, lui a-
« t-il dit, vient de faire à madame d'in-
« fâmes propositions. Il l'a menacée de
« tous les maux qui peuvent accabler
« une femme honnête, si elle refusait de
« se rendre à ses désirs. Irrité de ses re-
« fus et de ses mépris, il a commencé à
« exécuter son cruel projet. Il s'est hâté
« de vous prévenir, parce qu'il croit que
« la première impression est la plus forte
« et la plus durable. Mais sa lâche hypo-
« crisie cédera à l'évidence ; je vais,

« monsieur, vous rapporter les faits. —
« Ne croyez pas, monsieur, m'abuser
« sur vos intentions perfides et calom-
« nier impunément un ami, qui m'est
« sincèrement attaché, et que vous n'ac-
« cusez que parce qu'il m'a dévoilé votre
« odieuse conduite. — Impunément,
« dites-vous, monsieur ? Il est deux
« êtres de qui je peux supporter la me-
« nace, M. de Méran et vous. Le lâche
« qui vous abuse se tait, et il fait bien.
« — Monsieur, je n'ai pas l'habitude de
« m'emporter devant des femmes. Nous
« nous expliquerons dans un lieu plus
« convenable. — Je suis à vos ordres,
« monsieur. »

De ce moment, je n'ai vu que Jules bravant le fer meurtrier; je me le représentais percé de coups, renversé sur la poussière, la rougissant du sang le plus noble et le plus précieux. Je me suis élancée; je me suis jetée aux pieds de

M. d'Apremont ; je l'ai supplié de m'entendre. Il m'a écoutée ; mais il m'a laissée à genoux.

« Monsieur, avant que vous eussiez
« pensé m'épouser, je connaissais l'hom-
« me qui veut me charger de votre
« haine et de votre mépris. Il avait porté
« ses vues criminelles sur mademoiselle
« d'Apremont, sur la nièce de celui qu'il
« ose appeler son ami. Je l'ai entendu la
« menacer de lui faire perdre votre for-
« tune, si elle rejetait ses vœux ; j'ai
« entendu mademoiselle d'Apremont lui
« répondre avec le froid dédain que lui
« portent tous ceux qui le connaissent.
« Furieux, impatient de se venger, il
« vous a amené à me remarquer, il a
« fait valoir auprès de vous quelques
« qualités, quelques talens, et son liber-
« tinage ayant sans cesse besoin d'un
« aliment nouveau, il m'a déclaré que
« je serais votre femme, qu'il me pos-

« séderait, ou qu'il me rendrait le plus
« misérable des êtres. Vous voyez déjà
« l'effet de ses menaces. Ce n'est plus à
« un époux bienveillant et sensible que
« je m'adresse; je parle à un maître pré-
« venu, qui ne croit plus à mon honnê-
« teté ni à ma franchise, et qui me laisse
« devant lui dans la position la plus hu-
« miliante. — Relevez-vous, madame,
« et donnez-moi quelques preuves de
« ce que vous venez d'avancer. — Tout
« ce que je viens de vous dire est con-
« signé dans des lettres détaillées, écri-
« tes à madame de Villers. Par vous,
« sans doute, s'est écrié le monstre. La
« belle preuve, vraiment ! Monsieur,
« ai-je repris, je ferai venir ces lettres.
« Vous en suivrez l'esprit depuis la pre-
« mière jusqu'à ce jour. Vous verrez
« que long-temps avant que je vous
« connusse, j'avais l'habitude de dépo-
« ser tous mes secrets dans le sein de

« mon amie. Vous trouverez dans ces
« lettres un caractère de vérité que l'im-
« posture n'imite jamais. »

Que risquais-je en parlant ainsi ? Je ne
pouvais me dissimuler que M. d'Apremont n'ignorerait pas long-temps que
Jules est l'objet de cette passion insurmontable dont je lui ai fait l'aveu le jour
où il m'a proposé sa main.

« Mes lettres, ai-je ajouté, peuvent
« vous paraître insuffisantes : interrogez
« votre nièce elle-même. Elle s'est tue
« jusqu'à présent, parce que cet homme
« lui a déclaré qu'il opposerait à ses
« justes plaintes l'influence qu'il a sur
« vous, et qu'elle ne serait pas écoutée.
« — Madame, madame, celle dont vous
« parlez m'a toujours détesté. Cent fois
« elle m'a donné lieu de croire que les
« bontés dont m'honore son oncle ont
« allumé sa haine. D'ailleurs quelle con-
« fiance aurait mon ami dans ce qu'avan-
« cerait une femme qui n'a pas su se

« respecter ? Que voulez-vous dire, s'est
« écrié M. d'Apremont. — Il m'en
« coûte, mon ami, de vous révéler un
« secret affligeant ; mais il s'agit ici de
« ma réputation, de votre estime, et il
« m'est permis de ne rien ménager :
« d'ailleurs ce mystère sera bientôt dé-
« voilé. La grossesse de madame de
« Courcelles est plus avancée qu'elle de-
« vrait l'être. Certaines femmes s'em-
« pressent de détourner d'elles l'atten-
« tion, en inculpant avec éclat, en tra-
« duisant au tribunal public un homme
« irréprochable. La cause se discute vi-
« vement, longuement ; le moment de
« la délivrance arrive sans que l'avide
« curiosité ait pu calculer les époques,
« et peut-être ces deux dames s'enten-
« dent-elles pour nous jouer, vous et
« moi. »

M. d'Apremont était attéré ; je m'étais
traînée à demi-morte sur un sofa, et
Jules cherchait Jeannette que cette scène

terrible avait éloignée. S'il eût entendu des Audrets, il n'eût pas été maître de lui.

« Hé! pourquoi, a repris le monstre,
« ces dames ne seraient-elles pas d'ac-
« cord? elles ont besoin l'une de l'autre.
« La coquetterie de madame de Cour-
« celles prouve qu'en se mariant elle n'a
« obéi qu'aux circonstances; elle a be-
« soin que son mari soit occupé ailleurs
« et ne voie pas ce qui se passe chez
« lui. Madame d'Apremont ne peut re-
« fuser de la bienveillance à celle qui
« lui rend son amant, et toutes deux
« sont intéressées à vous tromper. Enfin,
« sans s'arrêter à des lettres, à de fri-
« voles dépositions, voyez les faits,
« mon ami; ils parlent, et c'est à eux
« qu'il faut croire. Vous venez de sur-
« prendre madame dans les bras de
« M. de Courcelles, et telle est en eux
« l'habitude du désordre qu'ils n'ont pas
« craint de s'y livrer en présence de

« leurs gens. Mon cœur saigne en vous
« présentant ces tristes réflexions. Je me
« répens amèrement d'avoir contribué à
« votre mariage ; mais puis-je me taire,
« mon ami, quand je suis ouvertement
« accusé d'avoir voulu séduire votre
« nièce et votre femme, et ne dois-je
« pas rappeler toutes les circonstances
« qui peuvent vous rendre suspect l'a-
« charnement de mes ennemis ? »

M. d'Apremont était pâle, défait; il
pouvait à peine articuler, il balbutiait
des mots sans suite..... « L'habitude du
« désordre ! s'est-il enfin écrié, non,
« barbare, elle ne l'a pas; elle était pure
« quand elle a reçu ma main. Sa con-
« duite depuis a été irréprochable. Il y a
« trois jours seulement que nous som-
« mes à Paris, et une femme honnête
« ne passe pas aussi rapidement de l'in-
« nocence au crime. La présence même
« de ses gens, qui vous paraît prouver
« contr'elle, est précisément ce qui me

« rassure : la femme la plus dissolue se
« cache pour se livrer à ses transports.
« Elevée avec M. de Courcelles, madame
« d'Apremont a dû conserver au moins
« de l'amitié pour lui, et ils ont pu goû-
« ter les douceurs d'un sentiment esti-
« mable. Enfin, un véritable ami ne fait
« pas de semblables aveux ; il plaint ce-
« lui que trompe une épouse infidèle, et
« il se garde bien de lui plonger un poi-
« gnard dans le cœur. Eloignez-vous,
« homme insensé ou cruel, laissez-moi
« renaître à l'illusion, qui me rendait la
« vie si précieuse, et sans laquelle il me
« serait maintenant impossible d'exis-
« ter. »

Rassurée par ces paroles de paix, je
me suis levée, j'ai couru à M. d'Apremont, j'ai pris ses mains, je les ai mouil-
lées des larmes de la reconnaissance ; il
m'a ouvert ses bras, je m'y suis précipitée. « Vois, a-t-il dit à des Audrets,
« vois, reconnais l'expression de la vé-

« rité. Une femme, je le sais, peut être
« faible à tout âge; mais à celui d'Adèle,
« on n'a pu faire une étude approfondie
« du mensonge, on ne sait pas encore
« masquer la perfidie. C'est toi qui
« trompes, ou qui t'es trompé, et dans
« l'un ou l'autre cas, il faut nous sé-
« parer. »

La scène avait changé de face. L'opinion, le cœur de M. d'Apremont se prononçaient en ma faveur, et déjà je me croyais délivrée des obsessions de l'infâme. « Vous m'éloignez de vous, a-t-il
« dit à M. d'Apremont, parce que votre
« honneur m'est cher, et que ma vive
« amitié n'a pu supporter les atteintes
« qu'on lui porte chaque jour. La voix
« d'une femme coupable l'emporte sur
« les droits que quinze ans d'affection et
« de soins m'avaient acquis sur vous.
« Vous le voulez, je pars; mais du
« moins je vous laisserai convaincu que
« l'imposture s'est armée contre moi, et

« que ma conduite à votre égard a tou-
« jours été celle d'un honnête homme.
« Voilà une pièce qui détruit toutes les
« allégations qu'on a opposées à mon té-
« moignage. Prenez, lisez, jugez. »

Il a tiré de sa poche la lettre de madame Rigaud. M. d'Apremont l'a lue avec un serrement de cœur dont je ne peux te donner d'idée. Il s'est levé tout à coup ; ses yeux étincelans se sont portés sur moi ; il s'est avancé avec une violence qui m'a glacé d'effroi, et il s'est arrêté, sans doute par le sentiment de ce qu'il se doit à lui-même. « Perfide,
« vous m'avez parlé d'un amour insur-
« montable, mais vous m'avez caché ces
« caresses brûlantes, ces transports,
« dont le souvenir seul est déshonorant
« pour vous et pour moi. Le nom de
« M. de Courcelles est resté au fond de
« votre cœur, et vous me l'auriez nom-
« mé en arrivant à Paris, vous m'auriez
« placé entre vous et lui, si vous n'aviez

« conçu l'affreux projet de consommer
« le crime que dès long-temps vous avez
« ébauché. »

Jules est rentré avec Jeannette et M. d'Apremont a lu à haute voix cette phrase accablante ! « Je crois que ces
« jeunes gens si dignes de vous inté-
« resser, sont unis par des nœuds que
« la mort seule peut rompre, et si vous
« désirez des détails plus particuliers,
« Jeannette, qui a toute la confiance de
« mademoiselle de Méran, pourra vous
« en donner. »

« Sortez, a-t-il dit avec menaces à la
« bonne jeune femme, sortez de l'hôtel
« avec votre mari et que je ne vous re-
« voie jamais. Celui qui a séduit ma nièce,
« a-t-il ajouté, en s'adressant à Jules,
« celui qui se montre ouvertement l'a-
« mant de ma femme, ne doit plus se
« flatter d'être cru. Rougissez de votre
« conduite, réparez-la, s'il est possible,
« et gardez-vous de jamais paraître dans

« cette maison. — Ainsi donc le vice
« triomphera et l'innocence tombera sous
« ses coups! — L'innocence, dites-vous!
« lisez à votre tour cette lettre fou-
« droyante, et démentez-la si vous le
« pouvez.

« Je ne nierai rien, a répondu Jules;
« mais je présenterai les faits sous leur
« véritable point de vue. J'ai séduit vo-
« tre nièce, dites-vous? Je conviens que
« j'ai obtenu ses faveurs avant le maria-
« ge; mais je me suis hâté de réparer sa
« faiblesse et la mienne. Est-ce ainsi que
« se conduit un séducteur? Madame et
« moi nous sommes aimés avec une ex-
« trême tendresse. Mais si l'honneur
« n'eût été le mobile de toutes nos ac-
« tions, nous ne nous serions pas bor-
« nés à d'innocentes caresses; nous au-
« rions mis M. de Méran dans la néces-
« sité de consentir à notre mariage, et
« M. d'Estouville n'eût pu laisser dans
« l'avilissement le dernier rejeton d'une

« famille illustre. Je vous ai respecté,
« sans que vous en sussiez rien. Au mo-
« ment de votre départ de Velzac, j'a-
« vais donné mes ordres ; je m'exilais
« de Paris ; j'allais vivre dans les terres
« de madame la comtesse, et je n'ai été
« retenu ici que par l'accident qui lui est
« arrivé et que vous connaissez comme
« moi. Vous m'avez surpris dans les
« bras de madame d'Apremont ? Toutes
« les portes seraient-elles restées ouver-
« tes, si votre présence avait été re-
« doutable pour nous ? Furieux contre
« celui qui, seul, pense à vous désho-
« norer, j'exhalais mon ressentiment
« en termes peu mesurés, et madame
« m'adressait les instances les plus vives,
« les remontrances les plus affectueuses
« pour m'engager à éviter toute espèce
« d'éclat et à ménager votre repos. Qu'y
« a-t-il de répréhensible dans ce que
« nous avons fait, et quelles inductions
« en pouvez-vous tirer contre nous ?

« Mais je vais lire cette lettre, qui
« vous paraît la preuve irrécusable d'une
« intelligence criminelle. . . . .
« Pourquoi monsieur a-t-il interrogé
« madame Rigaud ? Quel intérêt avait-
« il à connaître les sentimens secrets de
« madame d'Apremont, si déjà il n'a-
« vait conçu des projets ? Pourquoi au-
« rait-il conservé cette lettre, s'il n'a-
« vait eu l'intention de s'en faire une
« arme contre elle, et pourquoi aurait-
« il attendu à s'en servir jusqu'à ce jour,
« si sa position à l'égard de madame
« n'avait changé tout-à-coup ce matin ?
« N'est-il pas évident que la communi-
« cation de cette lettre est l'effet d'un
« sentiment subit de colère et de ven-
« geance ?..... Dieu! grand Dieu! quel
« trait de lumière ? Cette lettre a été
« écrite un mois avant votre mariage.
« Voyez, monsieur, voyez la date. C'est
« quand cet homme l'a reçue, qu'il de-
« vait vous la montrer, vous faire con-

« naître que le cœur de madame était
« prévenu pour un autre, empêcher une
« union qui pouvait faire le malheur de
« tous deux. Cette confidence alors eût
« été franche et louable. Aujourd'hui,
« elle ne peut couvrir que des deseins
« coupables, et ce sont ceux que je vous
« ai dévoilés.

« Tout ce que je vois, tout ce que
« j'entends, a repris M. d'Apremont,
« me donne la triste conviction que ja-
« mais je n'obtiendrai la tendresse de
« madame. Mais ne doit-elle rien à ses
« sermens, à ses devoirs, à mon amour,
« à mes égards, à mes largesses ? M. de
« Courcelles ne sent-il pas ce que la dé-
« licatesse lui prescrit en ce moment ? —
« J'obéirai à sa voix, monsieur. Je ne
« chercherai point à voir madame, et je
« m'éloignerai de Paris aussitôt que la
« santé de madame de Courcelles me le
« permettra. — Cette conduite est no-
« ble, et je ne peux rien demander de

« plus. Des Audrets, faut-il que je perde
« à la fois tout ce qui m'attachait à la
« vie ? Parlez, malheureux ; justifiez-
« vous du dessein affreux qu'on vous
« impute, et qu'au moins l'amitié me
« reste pour fermer les plaies cruelles
« qui déchirent mon cœur.

—« Que je me justifie! et de quoi? d'une
« assertion vague, dont on ne donne
« aucune preuve, et qui ne tend, je le
« répète, qu'à éloigner un surveillant
« fâcheux. Si j'aimais madame au point
« de trahir les devoirs les plus saints de
« l'amitié, aurais-je facilité son mariage
« avec vous ? Ne me serais-je pas pro-
« posé moi-même, et dans l'extrême
« médiocrité où elle vivait, n'étais-je
« pas un parti sortable ? Ne me serais-
« je pas du moins assuré de ses disposi-
« tions et de celles de sa famille à mon
« égard ? On me fait un crime d'avoir
« interrogé madame Rigaud, et de vous
« avoir caché sa réponse jusqu'à ce jour.

« N'était-il pas naturel, lorsque votre
« passion s'est prononcée, que ma ten-
« dre sollicitude voulût connaître celle
« à qui vous alliez vous unir ? Lorsque
« j'ai reçu cette lettre, monsieur venait
« d'épouser mademoiselle d'Apremont.
« Trop aimable, pour n'être pas ten-
« drement chérie, j'ai dû penser qu'en
« effet monsieur était infidèle, et que
« le dépit éteindrait dans le cœur de
« madame, un amour désormais sans
« espoir. Qu'aurais-je gagné d'ailleurs
« en vous communiquant cette pièce ?
« Vos désirs ne connaissaient plus de
« frein ; la raison eût été impuissante ;
« vous ne m'auriez pas même écouté,
« et cependant plus tard, des souvenirs
« cruels se seraient reproduits et au-
« raient détruit à jamais votre repos. Je
« viens, dit-on, de vous la faire lire
« cette lettre, parce que ma position à
« l'égard de madame a changé tout à
« coup ce matin. Oui, sans doute elle a

« changé, puisque ce n'est qu'aujour-
« d'hui que la calomnie s'est ouverte-
« ment prononcée, et m'a réduit à la
« triste nécessité de me défendre. Quel
« homme raisonnable me blâmera d'a-
« voir usé de tous mes moyens, et
« pourra croire que l'intérêt beaucoup
« trop direct que prend M. de Cour-
« celles à cette scène soit dicté par cette
« délicatesse, dont il parlait tout-à-l'heu-
« re, et dont vous attendrez long-temps
« les effets. — Malheureux ! — Point
« de mots, jeune homme, des choses.
« Vous vouliez, dites-vous quitter Paris
« et vous n'y êtes retenu que par l'acci-
« dent arrivé à madame de Courcelles.
« Une femme qui reçoit tous les jours,
« qui donne à dîner et qui fait les hon-
« neurs de chez elle, n'a plus besoin de
« vos secours. Mais vous avez été bien-
« aises de vous appuyer d'un prétexte
« qui vous permît de vous voir et de
« vous rapprocher. En effet, madame

« vous mande ici, et il n'est pas difficile
« de deviner pourquoi vous accourez;
« vous vous livrez à des caresses, que
« réprouve cette délicatesse que vous
« invoquez si légèrement, et quoi que
« vous en disiez, laisser les portes ou-
« vertes, quand on a des gens affidés à
« l'anti-chambre, est beaucoup plus
« adroit que les fermer. Enfin M. d'A-
« premont et moi nous entrons, avec
« quelques précautions, je l'avoue; vous
« êtes surpris, et incapables de réfléchir
« dans une position aussi critique, vous
« m'accusez, moi, étranger à tout ce
« qui se passe entre vous. Sans doute,
« il est commode, pour cacher ses pro-
« jets, d'en supposer aux autres. Mais
« pour donner à cette fable l'air de
« la vraisemblance, il vous aurait fallu
« plus de temps pour la composer et la
« mûrir. »

Ce calme, cette astuce, cette persévérance dans le dessein de me nuire,

ont porté l'égarement de Jules au dernier période. Aveuglé par la colère, oubliant qu'il allait assurer le malheur du reste de ma vie, il s'est élancé sur des Audrets le pistolet au poing. « Tirez, « monsieur, lui a dit le monstre, avec « un sang froid inconcevable; ajoutez « une action criminelle aux plus perfides « insinuations. Est-ce en vous présen- « tant chez M. d'Apremont avec des ar- « mes cachées, que vous croyez lui prou- « ver que vous n'y êtes entré que pour « faire éclater l'innocence ? L'homme « droit ne prévoit rien, ne craint rien, « et s'explique. Celui au contraire qui a « tout à redouter d'un époux outragé, « se met en mesure de se défendre. »

Jules n'est pas fait pour être un assassin. Il a marqué de l'irrésolution, et cependant il avait le doigt sur la fatale détente. Je me suis élancée sur lui ; j'ai arraché l'arme de ses mains. Il a frémi du danger où je m'exposais en la saisissant par le bout du canon Il s'est reculé en chancelant; il s'est appuyé sur une cheminée. La pâleur de la mort était sur son visage ; ses yeux s'éteignaient. J'ai jeté l'arme au loin ; je me suis approchée de lui, et, oubliant à mon tour le témoin redoutable devant qui je parlais, j'ai supplié mon amant de ne donner aucune suite à cette affaire. Mes expressions, mon accent, étaient sans doute ceux de l'amour le plus tendre, puisque M. d'Apremont n'a plus été maître de lui. Il m'a saisi le bras avec violence; il m'a entraînée; il m'a conduite à mon appartement; il m'y a enfermée à double tour.

Ce n'est pas de moi que je me suis d'abord occupée : tu le croiras sans peine. Je me suis traînée à ma fenêtre, et j'ai vu Jules et des Audrets sortir en se menaçant. Je me suis sentie défaillir; j'ai espéré un moment que le trépas mettrait un terme à tant de maux... Ah! Claire, je l'ai déjà remarqué, on souffre, on pleure, on ne meurt pas.

Le monstre a du courage, je n'en doute plus. Si mon amant succombe, je ne lui survivrai pas ; j'attenterai à ma déplorable existence. En attendant l'événement, je suis en proie à toutes les angoisses du désespoir......

Deux heures se sont écoulées; je les ai passées, accablée sous la verge du malheur, dans l'état le plus douloureux où puisse tomber l'innocence et la faiblesse. Ma porte s'est ouverte enfin. Une femme âgée, et que je n'ai jamais vue, m'a demandé mes ordres. Des ordres ! ah ! je le vois, c'est une surveillante qu'on m'a donnée. Elle sera sans compassion, parce que la vieillesse est insensible à des maux qu'elle ne peut plus éprouver, et dont souvent elle perd le souvenir. Ainsi, je ne dois plus compter sur Jeannette ; m'en voilà séparée sans retour. Je ne recevrai plus de ces lettres où ton amitié me soutenait contre l'infortune et contre mon cœur. N'importe, je ne cesserai pas de t'écrire ; je ne veux plus de distractions à mes douleurs. Qu'elles me minent, qu'elles me tuent,

CHAPITRE IV.

Suite du précédent.

Je vois de mes croisées Jeannette et son mari traverser la cour. Ils sont chargés de leurs effets, et ils vont passer cette porte, qui ne s'ouvrira plus pour eux. La bonne jeune femme s'arrête devant mon appartement; elle me regarde d'un air attendri et douloureux. C'est maintenant que je sens le vide qu'elle va laisser autour de moi. Nous parlions de lui, et elle recueillait mes soupirs et mes larmes. Elles tomberont désormais sur mon cœur; elles me suffoqueront. J'ai couru à mon secrétaire; j'ai mis dans ma bourse ce qui me restait d'or; je l'ai jetée à ces vrais amis, que je ne dois plus revoir.

Des Audrets rentre. Sa main droite est enveloppée d'un mouchoir. Le ciel a-t-il défendu, protégé l'innocence ? Jules a-t-il triomphé ?

Je n'ose me livrer à cette idée consolante. J'ai ouï dire que souvent les deux adversaires sont blessés ; qu'ils restent quelquefois sur la place. L'image de Jules mourant me poursuit sans relâche ; je ne peux résister au tourment que j'endure.

Je parle à Thérèse, c'est le nom de la vieille femme qu'on a mise auprès de moi. Elle me répond avec un laconisme désespérant. Ce que ses réponses me laissent pénétrer, c'est qu'elle a l'ordre de me servir, de me satisfaire sur tout ce que je lui demanderai. Mais certaines réticences me font sentir qu'elle ne se chargera d'aucune lettre de moi, ni pour moi. Elle m'a parlé avec moins de réserve de M. d'Apremont. Il ne donne aucune marque de colère ; il est profondément affligé. Non, Claire, cet homme n'est pas méchant, et il serait facile encore de le ramener à celui qui m'a ôté son estime et le repos. Mais il me perdra, il l'a juré, et il sera fidèle à son inique serment.

Les questions que je faisais à Thérèse, avaient pour objet principal de l'engager à savoir quel accident est arrivé à des Audrets. Il n'était pas présumable qu'on lui répondît assez brièvement, pour qu'elle ne pût saisir aucun détail de ce malheureux combat. J'ai représenté à cette femme que l'ami de son maître doit lui inspirer de l'intérêt, et qu'il convenait qu'elle s'informât comment il s'est blessé. Elle m'a répondu que cette démarche ne lui paraissait pas nécessaire, et qu'elle pourrait annoncer de sa part une curiosité déplacée. Elle s'est retirée dans l'antichambre, et je suis passée dans mon cabinet, d'où je t'écris ce qui est arrivé, et les cruelles réflexions que mon état provoque sans cesse.

Comment colorera-t-on dans le monde et aux yeux des gens de la maison, la réclusion forcée où l'on me tient, et la nécessité où l'on croit être de me mettre sous la garde d'une femme sévère? Il faudra donc que M. d'Apremont me déshonore, ou qu'il consente à passer pour le plus injuste, le plus cruel des hommes. Cette première idée me paraît d'une importance telle, pour lui et pour moi, que je ne balance pas à lui écrire. Je m'exprime avec une grande modération, et cependant je lui fais sentir les conséquences qu'entraîne le parti auquel il s'est arrêté. Je proteste encore de mon innocence ; mais de peur de l'aigrir davantage, je me tais sur la calomnie et ses machinations. Dieu permettra un jour que la vérité se découvre.

Thérèse a lu la suscription de ma lettre, et elle a consenti sans peine à la porter à son adresse. J'entends tourner la clef de ma première porte; ce son me fait un mal affreux; il m'humilie et m'irrite à la fois. Moi, traitée comme une femme coupable! Eh! qu'ai-je fait qu'user du droit bien légitime de me défendre?

Je vois trop que je n'ai aucun acte de complaisance à attendre de Thérèse, et je me suis mise dans l'impossibilité de la gagner, en donnant ce que j'avais à Jeannette. Mes diamans sont encore à ma disposition; mais l'être le plus vénal n'accepte pas d'objets de cette nature. Ils se reconnaissent partout. Ah! si Jules vit encore, il trouvera des moyens de m'instruire de son sort, et par conséquent du mien. Si dans vingt-quatre heures, je ne vois rien, je n'entends rien, j'en concluerai que la vie ne sera plus pour moi qu'un insupportable supplice, et j'aurai le courage de m'en affranchir, j'en jure par l'amour.

Cette résolution n'est pas de celles qu'un moment de désespoir fait naître, et que le moment qui suit fait évanouir. Il vaut mieux cesser d'être que souffrir sans relâche. Cette vérité est incontestable, et je la pèse dans le calme de mon âme..... Du calme! Elle n'en connaît plus celle qui veut mourir, et comment supporterai-je la vie? Si Jules existe, il faudra donc que je combatte encore, et que la honte succède à ces combats, car je le sens, ma bonne amie, tant que mon cœur palpitera, ce sera pour Jules; toujours il brûlera de s'unir au sien, et si l'infortune, ou mon bonheur, me présente mon amant, et qu'il ose entreprendre, je serai à lui.... Eh! serais-je si condamnable de céder à l'amour? Quels sont les droits d'un homme, dont l'injustice a rompu tous les nœuds que j'avais formés malgré moi ? Dois-je quelque chose à celui qui ne ménage plus rien ? Ne dois-je pas tout, au contraire, à celui qui possède exclusivement mes affections, et qui s'en est toujours montré digne ? J'oublie qu'il a été faible avec mademoiselle d'Apremont. Elle a surpris ses sens; mais son cœur n'a pas cessé d'être à moi.

Affreux raisonnement! Est-il quelque chose qui dispense de la vertu ? Je conserverai la mienne, et je n'en ai qu'un moyen.... la mort.

Ainsi, que Jules vive ou non, la mort, toujours la mort.

Thérèse rentre et ne me rapporte pas de réponse. Loin de revenir sur ce qu'il a fait, M. d'Apremont ne daigne plus même écouter mes plaintes. Il n'est plus mon époux, il ne veut plus l'être, il me rend à moi-même.

Les croisées de mon cabinet ouvrent sur la rue. Je regarde à chaque instant, et je ne vois ni Jules, ni personne qui lui appartienne. Mes yeux se portent sur un grand tableau, suspendu à un fort clou à crochet.... Ce clou..... un lacet.... tu m'entends, Claire...... Demain, demain. La journée finit ; les ténèbres s'épaississent, et je ne distingue plus ceux qui passent dans la rue. Je ferme ma croisée ; je m'assieds en face du tableau. Je contemple ce clou avec une joie barbare.... Ce clou!.... oui, ce clou.

Thérèse vient me dire que je suis servie. Les insensés! mange-t-on quand la tête est perdue et que le cœur est déchiré ? Je prends un couteau ; je le cache, je ne sais par quel motif; mais il peut arriver que j'en aie besoin.

Oh! que cette nuit est longue! Je vais, je viens, je m'assieds, je me lève ; je ne peux trouver de repos nulle part, ni dans aucune position. Thérèse dort profondément. La clé de la porte d'entrée est sous son oreiller ; j'en vois le bout, je peux la prendre. Mais l'extérieur de mon appartement est gardé sans doute, et puis le suisse.... D'ailleurs où irais-je, à l'heure qu'il est, seule, sans argent ?... Il faut rester. Douze heures encore, et je terminerai mon agonie.

Je vois les premiers rayons du jour; je me remets à ma croisée; j'y respire un air frais; il me soulage un peu. Ah! Claire, que la nature est belle, qu'elle est attachante pour l'être misérable, qui se prépare à fermer ses yeux, pour ne les rouvrir jamais! . . . .

Dieu, mon Dieu, que ne vous dois-je pas !..... Je tombe à genoux, Claire ; j'incline ma tête devant la Divinité; je lui rends grâces.

Avant de te dire ce qui vient de se passer, je vais te donner une description abrégée des lieux, sans laquelle tu ne m'entendrais pas.

L'hôtel se compose d'un corps-de-logis, entre cour et jardin, et de deux ailes formant un angle droit avec le bâtiment principal, qu'habitent M. d'Apremont et des Audrets, et duquel on ne peut rien voir de ce qui se fait dans les rues adjacentes. Mon appartement tient le premier étage tout entier d'une de ces ailes. Au-dessus est une terrasse à l'italienne; au rez-de-chaussée est un autre appartement, le plus riche de l'hôtel, qui ne sert qu'aux jours de cérémonie, et qui, dans aucun cas, ne s'ouvre à trois heures du matin. Thérèse est couchée dans une chambre qui a vue sur la cour. Ainsi, je suis seule, absolument seule du côté où je peux recevoir quelques éclaircissemens sur le sort du bien-aimé.

J'étais à ma croisée; mes yeux plongeaient à droite et à gauche dans la rue. Quelquefois ils se portaient douloureusement, machinalement sur les maisons situées en face de moi. Une fenêtre s'ouvre; un homme y paraît; il fait un grand mouvement; il fixe mon attention; je regarde.... Je reconnais Firmin.

Oh! combien j'avais raison de te dire que les extrêmes se touchent! Une révolution subite s'opère en moi ; mon cœur se dilate; ma bouche sourit à l'espérance et à Firmin, dont l'air satisfait m'annonce d'heureuses nouvelles. Je ne pense plus à mourir ; je ne m'occupe que de Jules. Mais comment Firmin m'instruira-t-il? La rue est large; s'il parle, ce sera si haut, qu'il pourra être entendu par d'autres personnes qui n'auront pas d'intérêt à être discrètes. Je mets un doigt sur ma bouche ; Firmin répète le même signe. Il est convenu que nous garderons le silence ; mais comment nous entendrons-nous?

Firmin se retire dans le fond de sa chambre. Là, il fait le semblant d'écrire avec l'index de la main droite sur la paume de la main gauche. Il me montre ensuite mon secrétaire, qu'il peut voir, et un autre signe me rappelle à la croisée.... J'y suis ; j'y suis. Il faut que j'écrive, et je viendrai ensuite jeter ma lettre à Firmin par la fenêtre. Je commence. Je vais faire au bien-aimé une peinture touchante de ma situation, et j'implorerai son secours, si toutefois il peut m'en donner. Mais comment saurai-je s'il est blessé ou non ? Je le demanderai à voix basse à Firmin, quand il viendra recevoir ma lettre. Il me semble, au reste, qu'il ne peut pas y avoir de danger, puisqu'il désire que je lui écrive, et que sans doute il pourra me lire. Cette idée me fait un bien !.... Le bruit d'un carreau de vitre cassé me fait tourner la tête. C'est Firmin qui, par de nouveaux signes, me fait connaître que je ne l'ai pas entendu, et me rappelle à la croisée. Veut-il que j'écrive là ? Que signifie cette bizarrerie ? N'importe. J'approche une petite table ; j'y mets de l'encre, du papier, une plume. Je regarde Firmin ; je l'interroge des yeux. Un mouvement de tête me répond que c'est là ce qu'il désire. Je ne pénètre pas ses motifs, et j'écris : un second carreau cassé me fait relever, et Firmin retourne dans le fond de la chambre.

Pourquoi cette table et les objets dont je l'ai chargée, si je ne dois pas écrire? Je m'y perds. Je suis Firmin des yeux, je suis attentive à tous ses mouvemens; il me fait voir des feuilles de carton, sur chacune desquelles est une très-grande lettre majuscule. Il me présente une M et il me montre ma petite table.... Enfin, m'y voilà : c'est lui qui va dicter. Moyen ingénieux et consolateur, l'amour seul a pu t'inventer.

J'écris cette M, et Firmin prend une autre feuille sur laquelle est un seul point : je mets le point. Firmin trépigne de joie, je vois que je l'ai compris.

Il tire un papier de sa poche; il le consulte attentivement avant de présenter chaque lettre, et en assez peu de temps, j'écris ce que tu vas lire : « Jules jouit « de la meilleure santé, et le monstre « doit la vie à une légère blessure qui « ne lui a plus permis de tenir son épée. « Votre sort changera bientôt, espérez. « Ce soir à minuit, Firmin viendra « prendre ce que vous aurez écrit pour « Jules ou pour madame de Villers, et il « attachera au bout d'un ruban, que vous « lui descendrez, une lettre détaillée. »

Espérez, m'a-t-il fait écrire. Ah! Claire, quand mon amant vit, quand je suis l'objet de sa tendre sollicitude, quand il me dit que je dois espérer, puis-je penser à mourir? Mais à quel genre d'espérance faut-il que je m'abandonne? Sans doute il n'entend point parler des douceurs de l'amour. J'ai été faible une fois, nous étions libres l'un et l'autre, et il s'est montré grand et généreux. Le sera-t-il moins maintenant que les institutions sociales s'élèvent contre notre amour ? Ah ! qu'il le soit, qu'il le soit pour tous deux ! Je suis sans force contre mon cœur.

Je présume qu'il a trouvé quelque moyen de démasquer le traître, de ramener M. d'Apremont à des sentimens de bienveillance, de rétablir ma réputation à ses yeux et dans l'opinion des personnes qui connaissent ma déplorable aventure. La considération et le repos ne valent pas les jouissances du cœur; mais ils sont indispensablement nécessaires, à qui se respecte soi-même.

Ce soir, je fermerai ce paquet, je le descendrai à Firmin avec une lettre que j'ai commencée pour Jules. Je la quitte de temps en temps, parce qu'il me semble que l'amour s'y montre trop à découvert; mais puis-je lui écrire sans lui parler amour ? Je déchire, je recommence; c'est encore l'amour, toujours l'amour. Cependant je lui dois de la reconnaissance, et je ne peux me dispenser de lui écrire. Mais, bon Dieu, quelles expressions ! Je me dépite, je déchire encore, je me lève, je me remets à ma croisée. Firmin est resté dans sa chambre, il me regarde, il me fait des signes que je n'entends pas : qu'importe, puisque tout est convenu entre nous.

Il reprend ses cartons, et j'écris encore sous sa dictée. « Je louai cete chan-
« bre pour aitre a porté de savoir ce qui
« se passe ché vous. Jeu ne sui pas conu
« a l'autel, et jeu peu mi intrauduir
« sou quelleque praitexte, si vous avé
« besoin de moi. Daifiez-vous de Thai-
« raise, et conté sur mon daivoument. »

Il est aisé de voir qu'il n'avait pas reçu de modèle pour ce billet-ci.

J'attends avec la plus vive impatience la lettre de ce soir, elle me donnera des détails. Mais plus je réfléchis, plus j'ai lieu de croire que Jules a pris des mesures vigoureuses, et que je lui dois beaucoup. Je ne l'aimerai pas davantage : dès-long-temps mon amour est tout ce qu'il peut être.

J'ai enfin terminé ma lettre; j'en suis mécontente; mais je ne peux m'exprimer avec plus de modération. Je vais fermer ce paquet. Tu me répondras sous le couvert de M. de Courcelles.

. . . .
. . . .

Je venais de cacher mes papiers quand des Audrets est entré. Je me suis réfugiée dans mon cabinet, dont la croisée était restée ouverte, et je pouvais me faire entendre de Firmin, si le monstre eût osé entreprendre quelque chose. J'ai été indignée de voir Thérèse entrer et s'asseoir dans ma chambre à coucher, dont j'avais négligé de fermer la porte qui donne dans mon cabinet. J'ai marqué mon mécontentement de cette familiarité. « Madame, m'a dit le barbare, « dans la position où vous êtes, vous

« avez besoin de tout le monde, et pe[r]
« sonne n'a besoin de vous. Ménage[z]
« cette femme, à qui j'ai remis une pa[r]
« tie de l'autorité que M. d'Apremo[nt]
« m'a donnée sur vous. J'ai plus d'i[n]
« fluence que jamais sur son esprit; j[e]
« suis le maître ici, et je me conduir[ai]
« selon la détermination que vous alle[z]
« prendre. Je ne vous ai mise encor[e]
« que dans une situation fâcheuse; j[e]
« peux ramener votre mari ou aggrave[r]
« vos maux jusqu'à vous réduire a[u]
« dernier désespoir. Voulez-vous que j[e]
« sois votre amant ? Non, ai-je répond[u]
« en me levant avec un mouvement d[e]
« force et de colère, dont je ne m[e]
« croyais pas capable. Là, là, a repri[s]
« Thérèse, on en a réduit de plus déci-
« dées que vous. » J'ai senti aussitôt c[e]
que j'avais à redouter de ces deux êtres
détestables; je n'ai point balancé, et j'a[i]
appelé à mon secours. Des Audrets a
osé porter la main sur moi; il m'a éloi-

gnée de la fenêtre, il l'a fermée, et se plaçant entre elle et moi, il a continué de me parler avec le calme d'un scélérat consommé. « Les désirs, que vous m'a-
« vez dès long-temps inspirés, sont de-
« venus peu à peu une passion que je ne
« peux plus maîtriser. Peut-être a-t-elle
« été portée jusqu'à l'exaspération par
« l'amour que vous avez pour ce jeune
« homme, et la jalousie que j'en ressens.
« Il faut que je la satisfasse, n'importe à
« quel prix. La réponse que vient de
« vous faire Thérèse vous prouve que
« je peux entrer chez vous la nuit comme
« le jour. Ainsi ne vous préparez pas à
« une résistance qui serait inutile. Je re-
« viendrai tout à l'heure sur ce sujet-là.

« Je vais maintenant vous dire ce que
« j'ai fait et ce que je me propose de
« faire, il faut que vous sachiez préci-
« sément ce que vous avez à espérer ou
« à craindre.

« J'ai lu la lettre pathétique que vous
« avez écrite à votre mari. Vous deviez
« croire que j'avais prévu les suites d'un
« éclat, et que je les ai prévenues.
« Vous serez dégradée ; mais il entre
« dans mon plan que ma maîtresse
« jouisse de la considération propre à
« flatter mon orgueil, et à relever mon
« triomphe.

« Il est inutile de fermer les yeux et
« de vous boucher les oreilles. D'Apre-
« mont n'est pas à l'hôtel, et je peux
« élever la voix.

« La première mesure que j'ai prise,
« quand vous avez été enfermée dans
« votre appartement, a été d'envoyer
« à la terre de Champville vos femmes
« et tous les domestiques. Ils sont par-
« tis sans rien savoir de ce qui se passe
« ici, avec l'ordre de tout mettre en état
« à Champville, ils ont été remplacés
« aussitôt par des gens pour qui vous

« êtes valétudinaire et mélancolique. On
« dira la même chose dans le monde à
« ceux qu'on aura intérêt à tromper.

« Si M. de Courcelles ne se décide
« promptement à quitter Paris, vous
« serez transférée à Champville, où vous
« ne verrez que moi et votre mari; moi
« toujours, lui quand cela me plaira,
« maintenant entendons-nous. Je n'exige
« pas que vous m'aimiez; mais je veux
« que vous en ayez l'air, et que vous
« receviez mes caresses avec l'abandon
« et la gaîté, qui seules peuvent me sa-
« tisfaire. Quand je vous aurai amenée
« à ce point, je verrai ce que je pourrai
« faire pour vous ; j'adoucirai votre
« sort.

« En attendant, je vais jouir du plai-
« sir d'une double vengeance. Je puni-
« rai votre Jules du tort qu'il a de vous
« plaire, et je détruirai la tranquillité de
« sa femme, que je n'aime plus, mais à
« qui je ne pardonnerai jamais de m'a-

« voir dédaigné. J'ai monté la tête à
« d'Apremont sur la faiblesse de sa
« nièce, et je lui ai persuadé que c'est
« en rompant ouvertement avec elle, et
« en l'instruisant des sentimens que con-
« serve son mari, qu'il éloignera ce
« jeune homme de vous. Elle ne l'a
« jamais aimé; mais elle sera jalouse par
« orgueil. Elle est violente; elle le tour-
« mentera sans relâche. Il est difficile
« qu'elle ne préfère pas un des frelu-
« quets qui forment sa cour. Mes émis-
« saires auront aujourd'hui des notions
« certaines à cet égard. Qu'elle trompe
« ou non son mari, je tournerai les ap-
« parences contre elle; une lettre ano-
« nyme persuadera Jules. Je mettrai la
« division et la haine dans ce ménage.

« Je ne m'en tiendrai pas là, si vous
« persistez dans l'aversion que vous me
« marquez, et si vous ne cédez qu'à la
« force ou à la crainte. Dans quelques
« jours je serai guéri de ma blessure; je

« défierai de nouveau votre amant, et
« vous savez que le sort des armes est
« sujet à changer. Enfin, je ferai écrire
« d'Apremont à vos parens, pour qui
« vous vous êtes sacrifiée, et je vous
« frapperai en eux, en empoisonnant
« leur vieillesse. Je les ferai mourir de
« chagrin, en vous chargeant de tout ce
« que la calomnie a de plus fort et de
« plus spécieux. Prenez un parti, et dé-
« cidez-vous promptement. Je suis fati-
« gué d'attendre.

« Allons, ma jolie petite dame, a re-
« pris la vieille, laissez-vous persuader.
« Le mot *intrigue* vous blesse les oreilles :
« là, là, dans quelques années le mot
» vous sera agréable, parce que vous
« aurez pris goût à la chose. Toutes les
« femmes ont un bon ami, c'est la règle,
« et n'est-il pas bien commode de l'avoir
« chez soi, surtout quand il a la con-
« fiance du mari? Pourquoi passer vos
« plus beaux jours dans les chagrins

« que M. des Audrets ne cessera de vous
« susciter? Croyez-moi, jouissez avec
« lui des agrémens de la vie. La main,
« qui vous tient sur le bord du préci-
« pice, peut à l'instant le remplir et le
« couvrir de fleurs. Allons, mon petit
» ange, que la meilleure intelligence s'é-
« tablisse entre vous. Venez donner le
« baiser de paix à monsieur. »

Furieuse, exaspérée, je me suis réfugiée à côté de mon guéridon; j'ai porté la main sur mon ouvrage, dans lequel j'ai caché le couteau; j'étais décidée à en frapper quiconque s'approcherait de moi. Incertains, irrésolus, ils se regardoient tous deux, lorsqu'un certain bruit s'est fait entendre à la première porte de mon appartement, et a captivé leur attention. « Je vous dis qu'il faut
« que je parle à M. des Audrets. » J'ai reconnu la voix de Firmin, et j'ai commencé à respirer librement. « Je vous
« répète que personne n'entre chez ma-

« dame, a répondu.... un domestique,
« probablement. — Je me présente ici
« par ordre de M. d'Apremont, et je
« suis le médecin de madame. » La porte
s'est ouverte aussitôt, le monstre y a
couru; il n'était plus temps; Firmin était
entré. Il s'est avancé d'un air grave, et
en multipliant les révérences. Des Audrets le fixait en marchant à reculons.
Firmin fermait les portes de toutes les
chambres qu'il traversait. Ils sont entrés
dans mon cabinet. « Vous êtes médecin,
« dites-vous, a repris le scélérat, après
« avoir un peu réfléchi, et vous venez
« ici par ordre de M. d'Apremont?
« Vous êtes un imposteur. — D'un ton
« plus bas, s'il vous plait, a continué
« Firmin, en serrant la main blessée de
« des Audrets, jusqu'à lui faire faire
« d'horribles contorsions; pas de résis-
« tance. Vous n'avez qu'un bras; moi,
« j'en ai deux des plus robustes. Tenez-
« vous tranquille, croyez-moi. Madame

« Dupont, asseyez-vous là, dans le
« coin, à côté de monsieur, et écoutez-
« moi. »

Thérèse a pâli, lorsque Firmin a prononcé son nom de femme, et des Audrets a tressailli. Qui est cette malheureuse ? Mon amant tient-il déjà le fil de cette nouvelle trame ?... Firmin a repris la parole. « Vous vous êtes permis,
« monsieur, des procédés odieux à l'é-
« gard de madame, puisqu'elle a de-
« mandé du secours. Vous l'avez tirée
« avec force, et vous avez fermé sa
« croisée pour étouffer ses justes plain-
« tes. Je ne suis pas médecin; mais je
« suis honnête homme, et je viens se-
« courir la faiblesse contre l'oppression.
« J'attendrai ici M. d'Apremont. Je pré-
« sume que le masque qui vous a si
« long-temps couvert, vous et la Du-
« pont, est levé en ce moment, et que
« le ressentiment de celui que vous
« nommiez votre ami, sera propor-

« tionné à l'abus que vous avez fait de « son aveugle confiance. Point de ré- « plique, et surtout gardez-vous l'un et « l'autre d'appeler. Au premier cri, je « vous assomme tous deux.

« Remettez-vous, madame, votre po- « sition va changer, et votre mari, hon- « teux de s'être laissé tromper aussi « grossièrement, s'empressera sans doute « de réparer ses torts. »

Thérèse était accablée, le monstre écumait de colère; Firmin, immobile dans sa position, les contenait l'un et l'autre. La porte cochère s'est ouverte ; une voiture est entrée au grand trot. Des Audrets s'est levé pour s'approcher de la croisée; Firmin l'a cloué sur son fauteuil. « Du courage, m'a-t-il dit, ma- « dame; voilà des libérateurs. »

J'ai vu descendre du carrosse M. d'A- premont, deux hommes que je ne con- naissais pas, et une jeune dame. Trois domestiques sans livrée étaient derrière la voiture, et sont entrés avec les maîtres. Je prévoyais une scène violente, sans savoir encore quel en serait le sujet. L'approche de la crise m'avait fait oublier ce que venait de dire Firmin; je tremblais de tout mon corps.

J'ai entendu ouvrir la porte de mon appartement avec un saisissement, un effroi que je ne peux dépeindre. J'ai fait un effort sur moi-même, je me suis traînée au-devant de M. d'Apremont. « Vous triomphez, madame, m'a-t-il « dit, et le crime va subir la peine qui « lui est due. » Ces paroles m'ont rendue à moi-même, et j'ai pu suivre la marche des événemens que je vais te détailler.

Un des hommes que j'avais vu descendre de voiture, ceux que j'avais pris pour des domestiques sont entrés avec M. d'Apremont dans mon cabinet. Le premier a tiré une écharpe de sa poche; il s'en est décoré; puis s'adressant à

Thérèse anéantie, il lui a damandé si elle le reconnaissait. Deux des hommes qui le suivaient se sont rangés à droite et à gauche de la malheureuse ; le troisième m'a demandé la permission d'écrire sous la dictée du commissaire. Il a tiré des papiers de sa poche, il s'est mis à mon secrétaire. M. d'Apremont lançait à des Audrets des regards foudroyans ; le scélérat n'a pas baissé les yeux.

Le commissaire a pris la parole, et s'adressant à Thérèse : « Vous avez été
« lui dit-il, reprise de justice, il y a cinq
« ans. Six mois de réclusion auraient
« pu vous corriger, si un cœur vicieux
« était susceptible de changer. Depuis
« que vous avez recouvré la liberté,
« vous avez fait métier de corrompre de
« jeunes femmes. Vous y avez réussi
« quelquefois, et votre adresse a, jus-
« qu'à présent, dérobé votre conduite
« à l'œil vigilant de la police. Aujour-

« d'hui tout est découvert : répondez
« aux questions que je vais vous faire.

« Qu'est devenue madame de Ferval,
« que vous avez déterminée à quitter
« son mari pour la livrer à cet homme,
« à des Audrets, qui l'a bientôt aban-
« donnée, et qui l'a laissée entre vos
« mains? — Elle est venue volontaire-
« ment chez moi, et elle en est sortie
« quand elle l'a voulu. — Vous mentez.
« Vous avez fait de ses charmes un com-
« merce infâme, vous l'avez forcée à se
« prostituer. Vous ne lui avez pas ren-
« du la liberté; mais elle est parvenue
« à s'échapper de chez vous. Son mari,
« homme prudent, a étouffé cette af-
« faire. Ce qui se passe à présent fera
« tout rechercher, tout rapprocher, et
« on purgera la société d'un monstre tel
« que vous.

« De quel droit ou par quel ordre
« deux furies, qui vous remplacent à
« votre domicile, y retenaient-elles de

« force une demoiselle de Tarbes, qui
« est enceinte des faits de des Audrets,
« et que son père cherchait vainement
« dans les lieux les plus cachés de Paris?
« — M. des Audrets l'a mise en pension
« chez moi; il m'a dit qu'elle est sa pa-
« rente, que son esprit est aliéné, et que
« j'eusse à veiller exactement sur elle.
« — Et depuis huit jours qu'elle est chez
« vous, avez-vous eu quelques preuves
« de cette prétendue aliénation d'esprit?
« — J'en ai eu mille, M. le commissaire.
« Mensonge atroce, s'est écrié la jeune
« personne, en s'élançant avec son père
« dans mon cabinet. Cet homme a voulu
« me séduire pendant le séjour qu'il a
« fait cet été au château de Velzac; je
« l'ai repoussé. Il a gagné ma femme de
« chambre, et un breuvage soporifique
« m'a mise à sa discrétion. Je me suis
« réveillée dans ses bras, et il m'a fait
« horreur.

« Bientôt je me suis aperçue que son

8.

« crime avait des suites; j'ai craint le
« meilleur des pères; et je lui ai caché
« mon état. J'ai écrit à cet homme une
« lettre suppliante. Je sentais que sa
« femme serait la plus misérable des
« créatures; mais je consentais à me sa-
« crifier à l'honneur de ma famille. Il
« s'est bien gardé de me répondre par
« écrit : il a senti que ce serait me don-
« ner des armes, que je ne manquerais
« pas de tourner contre lui. Il m'a en-
« voyé un émissaire insinuant, adroit,
« astucieux, qui a eu l'air de me plain-
« dre, qui m'a protesté que je lui inspi-
« rais le plus vif intérêt, et qui a gagné
« toute ma confiance. Il m'a représenté
« que je ne pouvais donner la preuve
« d'aucun fait, et qu'un éclat serait inu-
« tile et déshonorant; mais que M. des
« Audrets était incapable de résister à
« mes larmes, et que le seul parti que
« j'eusse à prendre était de venir à Paris,
« où mon mariage se ferait infaillible-

« ment. J'ai cru ce misérable ; j'ai fui la
« maison paternelle, et je me suis livrée
« à ces monstres qui voulaient se défaire
« de moi. Ils m'ont conduite chez cette
« femme, où les mauvais traitemens au-
« raient en effet bientôt produit cette
« démence qui leur sert de prétexte au-
« jourd'hui, qui m'eût ôté la mémoire
« du crime et les moyens de m'élever
« contre son auteur. Voyez, madame,
« m'a dit cette infortunée, en décou-
« vrant son sein, voyez la trace des
« coups dont on m'a accablée hier. »

A l'aspect des meurtrissures dont cette pauvre fille est couverte, le père furieux s'élance sur des Audrets. Il a fallu des efforts multipliés pour le tirer de ses mains. Le scélérat a entrepris de se disculper : il a prétendu que tout Paris avait eu madame de Ferval ; que jeune alors, il avait pu vouloir la posséder aussi, et qu'il ne pouvait être responsable de ce qu'elle est devenue quand il

l'a eu quittée. Il a prétendu n'avoir rien eu de particulier avec la jeune personne qui était présente. Il a ajouté qu'il l'avait vue à Tarbes ; que, dans l'embarras où son inconduite l'avait mise, elle s'est adressée à lui, et qu'il avait cru pouvoir lui donner un asile. « Et c'est dans une
« maison de débauche que vous avez
« placé mademoiselle ! a repris avec
« force le commissaire. Les contusions
« qu'elle vient de découvrir déposent
« contre vous et vos complices.

« Et c'est la Dupont, c'est une femme
« qui a tous les vices, et que vous connais-
« sez parfaitement, que vous placez au-
« près de l'épouse de l'homme que vous
« appelez votre ami ! » Des Audrets a voulu répliquer. « Tout est connu, lui a
« dit le commissaire. La femme de cham-
« bre de mademoiselle, que vous vous
« êtes hâté de placer à Paris, vient d'être
« arrêtée. Elle a nommé le pharmacien
« de Tarbes qui a donné l'opium ; elle a

« avoué l'usage que vous en avez fait.
« Les deux femmes qui étaient chez la
« Dupont sont aussi sous la main de la
« police, et n'ont pu nier des faits cons-
« tatés jusqu'à l'évidence. Il ne me reste
« qu'à m'assurer de vous et de cette mi-
« sérable, et je vous arrête l'un et l'au-
« tre. Une instruction criminelle, un
« jugement équitable et sévère ven-
« gera la société offensée par vous dans
« plusieurs de ses membres. — Que ré-
« sultera-t-il de ce procès ? Je serai em-
« prisonné pendant quelque temps ; mais
« madame de Ferval sera publiquement
« déshonorée ; on saura que mademoi-
« selle, de gré ou de force, a fait un
« enfant, et que madame d'Apremont a
« été en relation directe avec la Dupont.
« Il faudrait que les individus, qui com-
« posent ces trois familles, eussent per-
« du le sens commun, pour ne pas sen-
« tir les suites qui résulteraient pour
« eux d'une semblable procédure, et

« pour ne pas les prévenir. D'après cet
« aperçu, très-simple, je n'ai rien à re-
« douter. »

« — Ceux que vous avez si cruelle-
« ment outragés, ont, je l'avoue, un
« intérêt réel à étouffer cette affaire, et
« ils y sont disposés. Mais ils vous pres-
« crivent des conditions. Vous quitterez
« à l'instant cet hôtel, pour n'y rentrer
« jamais. Vous épouserez mademoisel-
« le, parce qu'il n'y a que ce moyen de
« lui rendre l'honneur. Il sera stipulé
« par le contrat, qu'elle habitera chez
« son père, et vous vous obligerez par
« un acte particulier, qui contiendra
« l'aveu de vos crimes, à ne jamais ap-
« procher de son domicile. Je vais vous
« conduire en prison, comme s'il ne
« s'agissait que d'une mesure de police
« ordinaire, et vous y resterez, jusqu'à
« ce que vous ayez satisfait à ce qu'on
« exige de vous. Vos complices seront
« détenues à perpétuité, comme femmes

« de mauvaise vie. Elles seront, ainsi
« que vous, soustraites à la vigilance
« des tribunaux, et vous devez tous la
« redouter à un point, qui ne vous per-
« mettra jamais de l'appeler sur vous.
« L'autorité supérieure sera instruite de
« tous ces détails, et les familles inté-
« ressées sont assez recommandables,
« pour qu'elle approuve les instructions
« que viennent de me donner mes su-
« périeurs immédiats. Présentez vos
« mains, monsieur. »

« — Quoi ! s'est écrié le monstre, on
« me traiterait comme un vil criminel ! Et
« qu'êtes-vous ? a répondu le commissai-
« re. » Un des trois hommes qui l'ac-
compagnaient, a tiré des fers de sa poche. L'infâme a voulu opposer quelque
résistance. On l'a terrassé, garotté ; on
l'a porté dans la voiture ; on y a traîné
la Dupont. Firmin a suivi, sans qu'on
lui ait fait une question, sans qu'on ait

même paru le remarquer. Je suis restée avec M. d'Apremont.

Sa physionomie était sombre, et cependant ses yeux exprimaient des sentimens doux. Ils se portaient sur moi; ils s'en éloignaient; ils y revenaient encore; de profonds soupirs s'échappaient par intervalles. J'ai jugé qu'il m'aime encore, et qu'il n'était pas impossible de le calmer, et d'adoucir ses maux et les miens. « Vous connaissez mainte-
« nant, lui ai-je dit, à quel point mes
« imputations à l'égard des Audrets
« étaient fondées. — Vous et ma nièce
« m'avez dit la vérité, j'en suis convain-
« cu, madame. Oh! combien le miséra-
« ble m'a trompé! ma prévention en sa
« faveur, ma confiance aveugle m'ont
« rendu injuste envers vous. Vous êtes
« libre, madame, et je vais mettre tous
« mes soins à vous faire oublier mes
« torts.... Mais Adèle, vous en avez eu

« de votre côté et de graves. M. de
« Courcelles.... — Hélas! monsieur, nos
« sentimens sont indépendans de notre
« volonté. Si on pouvait disposer de
« son cœur, le mien serait tout à vous.
« Notre conduite seule peut être sou-
« mise à la raison et au devoir, et à cet
« égard qu'avez-vous à me reprocher?
« —Ne m'obligez pas à vous rappeler des
« choses, dont le souvenir me tue. — Je
« suis innocente, monsieur, je vous le
« jure. —Innocente! Non, madame,
« vous ne l'êtes pas. Vous m'avez avoué,
« j'en conviens, avant de recevoir ma
« main, que vos affections ne vous appar-
« tenaient plus. J'ai eu la faiblesse ou la
« présomption de croire que je les mé-
« riterais, que je les obtiendrais un
« jour. J'ai commis une faute, impar-
« donnable à un homme qui avait de
« l'expérience, et je ne vous la repro-
« che pas. Mais vous avez refusé de me
« nommer M. de Courcelles. Plus sage,

« plus prévoyante, ou moins dissimu-
« lée, vous m'auriez révélé ce secret
« tout entier, et vous ne seriez pas
« maintenant à Paris. Mais vous nour-
« rissiez l'espérance de revoir ce jeune
« homme et vous brûliez de vous en
« rapprocher. — Je ne nierai pas, mon-
« sieur, que je l'ai revu avec beaucoup
« d'intérêt; mais je ne le cherchais pas.
« Il devait quitter Paris; il vous l'a dé-
« claré, et c'est moi qui lui en avais donné
« l'ordre de Velzac. — J'aime à croire,
« madame, que votre honneur et le mien
« n'ont reçu aucune atteinte directe.
« Mais ces caresses, qui blessent le de-
« voir, dont j'ai été le témoin, et qui
« ne peuvent sortir de ma mémoire....
« — Elles étaient pures, monsieur ; j'en
« fais le serment à la face du ciel, ainsi
« que celui de ne les renouveler jamais.
« Voulez-vous un garant certain de ma
« bonne foi? Je vous conjure de me
« conduire à Champville; je n'y vivrai

« qu'avec vous et pour vous, et je n'en-
« tretiendrai aucune espèce d'intelli-
« gence avec M. de Courcelles. »

J'étais vraie en ce moment. La douceur de M. d'Apremont avait tourné vers lui toutes mes affections, l'amour, l'amour seul excepté. Je me rappelais ce que lui doivent mes parens, ce que je lui dois moi-même; la reconnaissance, l'amitié et la compassion agissaient fortement sur moi. Rassuré par mes promesses, entraîné par le ton de la vérité, vaincu par son amour, il m'a ouvert ses bras, et je m'y suis précipitée. Il m'a pressée tendrement sur son cœur, et.... Ah! Claire, que ce raccommdement m'a coûté cher! incapable de me résigner, je me suis du moins soumise.

M. d'Apremont a renvoyé à l'instant les domestiques que des Audrets avait placés autour de moi. Il m'a donné ensuite une marque de confiance à laquelle j'ai été sensible. Il m'a engagée à sortir, à me dissiper. J'ai répondu à cette offre avec la délicatesse qu'il devait attendre de moi, et qui a paru le flatter : je lui ai déclaré que je ne sortirais qu'avec lui, jusqu'à ce que je fusse éloignée de M. de Courcelles; que d'ailleurs ne connaissant à Paris que Jules et sa femme, et n'ayant pas le goût des plaisirs, je désirais rester chez moi.

Il a fait venir un vieux valet-de-chambre, qui lui porte un sincère attachement, et il lui a ordonné de tout préparer pour notre départ. C'est alors que je suis revenue à un sentiment que tout condamne, et que je ne peux vaincre. Je n'ai pensé qu'avec un serrement de cœur affreux au moment de quitter une ville qu'habite l'homme adoré. N'importe, j'ai promis, et je partirai sans résistance, sans me permettre même la moindre observation. Je suis vouée au malheur; j'en ai la certitude; je subirai mon sort.

J'avais une extrême envie de savoir comment on avait découvert les infamies de des Audrets ; je n'osais interroger directement M. d'Apremont. J'ai jeté quelques mots assez insignifians qu'il était le maître de saisir, et auxquels il pouvait sans impolitesse ne pas donner de suite ; il m'a devinée, et il s'est empressé de me satisfaire.

Le misérable l'avait prévenu contre sa nièce et son mari, au point de lui faire dédaigner toute espèce de ménagement. Il lui a reproché sa faiblesse de la manière la plus dure ; il lui a fait sentir qu'elle s'est sacrifiée à un ingrat. Elle a appris que son mari ne l'a jamais aimée, et que la violence de la passion qui le domine éloigne d'elle jusqu'à l'espoir de le ramener. M. d'Apremont se repent du fond du cœur de s'être laissé aller à une brutalité qui est si loin de son caractère. Mais les regrets ne servent à rien : il lui est impossible de revenir sur le coup qu'il a porté.

Madame de Courcelles est trop pénétrante pour n'avoir pas reconnu d'abord dans un homme naturellement doux la violence et la méchanceté de des Audrets. Elle n'a pu nier qu'elle ait été faible mais elle a essayé de prouver, par sa résistance aux vues du scélérat, qu'elle n'est point une femme sans mœurs, et elle a ajouté que le mariage avait effacé sa faute. L'indifférence de son mari, dont jusqu'alors elle n'avait pas de certitude, lui a tiré d'abord quelques larmes; mais revenant bientôt à son caractère, elle a dit assez gaiement à son oncle, que des époux raisonnables ont respectivement bien des choses à se pardonner. Ce trait de légèreté a affecté M. d'Apremont, et il me donne une sorte de conviction que les idées de des Audrets, sur la galanterie de madame de Courcelles pourraient n'être pas sans fondement.

Jules est rentré chez lui à la fin de cette étrange conversation. Il a conjuré M. d'Apremont de le suivre, et il lui a juré sur sa tête qu'il allait lui donner les preuves les plus authentiques de l'avilissement et de la perfidie de des Audrets. M. d'Apremont était disposé à saisir tout ce qui pouvait me justifier d'avoir calomnieusement accusé ce misérable. Il a suivi Jules, qui l'a conduit chez la Dupont. Le commissaire et ses gens y étaient déjà rendus. Déjà on s'était assuré des deux créatures, ministres des iniquités et de la froide cruauté de Thérèse. Il ne restait plus que des Audrets à convaincre : on a fait monter en voiture la jeune personne de Tarbes et son père; M. d'Apremont et le commissaire s'y sont placés avec eux. Tu sais le reste.

Mais comment le père de cette infortunce s'est-il trouvé là ? comment Jules est-il arrivé au repaire de la Dupont? Voilà ce dont M. d'Apremont, entraîné par la rapidité de l'action, n'a pas pensé à s'informer. La lettre, que j'attends à minuit, m'instruira des détails. Une lettre! une lettre de Jules!.... dois-je la recevoir au moment même de la réconciliation la plus sincère... du moins de la part de mon mari?... Mon mari! voilà la première fois que je lui donne ce titre... Hé, ne lui appartient-il pas? non, non, je ne peux le lui refuser. C'est moi qui le lui ai donné, qui le lui ai donné volontairement... Mais serais-je coupable en marquant à Jules combien je suis reconnaissante de ses soins? Où est le mal d'apprendre de lui par quels moyens il a opéré une révolution aussi subite dans le cœur de M. d'Apremont?...Cette lettre sera brûlante, peut-être. Hé, l'amour et tous ses feux ne me brûlent-ils pas déjà? Que peut y ajouter une lettre? Me refuserai-je la dernière consolation qui peut-être m'est réservée? Et puis, n'est-ce pas lui seul qui peut te faire parvenir ce paquet, et t'instruire de tant d'événemens? Dois-je renoncer aussi aux douceurs de l'amitié?... Malheureuse! dans quelle fluctuation se perd mon pauvre cœur!

M. d'Apremont m'a priée de me mettre à mon piano, et je me suis empressée de lui complaire. J'ai touché pendant des heures entières; il ne se lassait pas de m'écouter, et de louer mon exécution. Elle devait être bien imparfaite: je n'étais pas à ce que je faisais. A la musique a succédé le tric-trac. A chaque instant, je perdais des points d'école. Il a bien voulu attribuer mes distractions à la scène du matin, et il m'en a parlé avec une bonté qui m'a fait venir plusieurs fois les larmes aux yeux. Cependant, mon imagination trop active me rappelait malgré moi... tu sais qui. Ses grâces, ses services, son amour, le mien me poursuivaient sans relâche. Ah! que cette journée a été longue! Je me suis échappée un moment pour t'écrire; il me restera ce soir peu de chose à ajouter, et je fermerai ce paquet.

Sur les dix heures, il a réfléchi que je n'avais personne qui pût m'aider à faire ma toilette de nuit; il s'est offert de m'y aider. J'ai senti qu'accepter la proposition était un moyen certain de n'être pas libre à minuit : l'aspect de certaines choses agit toujours plus ou moins fortement sur lui. Je l'ai remercié, avec une politesse froide, bien propre à éloigner des idées... tu m'entends. Il a insisté avec une ardeur qui m'a effrayée, et il m'a conduite dans ma chambre. Son œil animé s'est porté sur un meuble, qui fut, qui est pour toi l'asile de la volupté, et qui n'a jamais été pour ton amie qu'un lieu de sacrifices et de douleurs. Je me suis plainte d'une fatigue excessive, d'un violent mal de tête. J'ai demandé grâce; il me l'a difficilement accordée; mais enfin je l'ai obtenue.

Il est revenu sur ses pas; il m'a demandé pourquoi je m'enfermais. J'ai répondu que nous étions presque seuls à l'hôtel, et que j'avais peur. Il m'a protesté qu'il ne me quitterait pas de la nuit. J'ai frissonné; il a remarqué ce mouvement, et il l'a attribué à un peu de fièvre. Il a été chercher ce qu'il a cru propre à me soulager, et il s'est mis à côté de moi. Ma peau était brûlante; il a jugé que j'avais besoin de repos. Bientôt ses yeux se sont fermés; j'ai attendu qu'il dormît, et profondément. Je me suis levée doucement, bien doucement; j'ai écrit ces quinze ou vingt lignes. Je descendrai ce paquet par la fenêtre de mon cabinet. Il sera attaché à un ruban très-long dont je nouerai le bout autour de mon bras; au plus léger mouvement qui partira de la rue, je me releverai et j'irai monter la lettre si désirée; il me la faut, je la veux. Je la cacherai, et je reprendrai ma place; tout cela se fera assez promptement pour qu'il ne puisse rien calculer, s'il venait à s'éveiller.

CHAPITRE V.

Evénemens nouveaux.

Tout s'est passé ainsi que je l'avais projeté. Cette lettre est en mon pouvoir. Mais te le dirai-je, Claire? à peine l'avais-je lue, que le remords a froissé mon cœur. Quitter clandestinement le lit d'un époux, rendu, quelques heures avant, à l'amour et à la confiance, s'éloigner de lui pour aller recevoir des témoignages d'une passion que la circonstance rend plus criminelle, une telle conduite est non seulement répréhensible au fond, mais elle a quelque chose de bas, qui m'ôte ma propre estime. En dépit des tristes réflexions qui me tourmentent, je reviens à une jouissance à laquelle je ne peux renoncer; je lis, je relis cette lettre, comme j'ai lu, relu celles qu'il m'a écrites depuis que je suis mariée, et dans celle-ci, comme dans les autres, son style est réservé et décent; je cherche en vain le mot *amour*, et je le sens, je le vois à chaque ligne. S'il m'envoyait une feuille de papier blanc, j'y lirais, je crois, tout ce qu'il pense, tout ce qu'il éprouve, tout ce qu'il me dirait, s'il laissait parler son cœur.

Je passe aux détails, que je désirais si vivement connaître, et tu vas savoir quelles sont les ressources de l'amour, combien il est ingénieux. Je dépouille le récit de ces expressions épisodiques et si pénétrantes, pour ne m'attacher qu'aux faits.

Jules a prévu qu'à la suite de la scène orageuse que je t'ai décrite, des Audrets ne resterait pas oisif, et qu'il s'occuperait sans relâche à réaliser ses menaces. Firmin, qui n'est pas connu ici, a été placé en observation dans une allée, en face des croisées de mon appartement. Un écriteau a frappé sa vue. Il a loué à l'instant la chambre où je l'ai reconnu, et il y a porté ce qui était nécessaire pour correspondre avec moi.

Le vieux Ambroise, aussi inconnu à l'hôtel que Firmin, a reçu l'ordre d'épier les démarches de des Audrets, dont il avait le signalement exact, de le suivre partout, et d'indiquer, sans délai, à Jules les endroits où il s'arrêterait. Ambroise et Firmin m'étaient dévoués autrefois; ma position actuelle semble avoir ajouté à leur dévouement et à leur zèle. Leur intelligence, leur activité ont préparé tous les événemens.

Jules a su que le monstre venait d'entrer avec quelque mystère dans une maison de la rue des Bourdonnais, et il a pensé que ses précautions mêmes tendaient à masquer quelque projet criminel, qu'il était important de déjouer. Il est monté dans le cabriolet qu'il avait mis à la disposition d'Ambroise; ils ont volé.

Ambroise reste à la porte d'une allée; Jules franchit les escaliers, jusqu'à l'étage le plus élevé. Où va-t-il, que veut-il? Où des Audrets est-il entré? Le bien-aimé prête une oreille attentive; il espère que le crime pourra se déceler; rien ne fixe encore ses idées.... Tout à coup il entend ouvrir une porte au-dessous de lui; il regarde à travers les barreaux de la rampe; il voit sortir des Audrets avec une femme, qui lui est inconnue.

Quand le cœur est brûlant, quand la tête est exaltée, on ne calcule rien, on ne réfléchit même pas : Jules va frapper à la porte qui vient de se fermer. Que dira-t-il, que demandera-t-il, que répondra-t-il, s'il est lui-même interrogé?

Deux femmes âgées, fort décemment

mises, viennent lui ouvrir. Son œil plonge au fond d'un appartement meublé avec une sorte d'élégance. Il va, il vient, il tourne, il s'arrête. Les deux vieilles lui demandent, pour la dixième fois, ce qu'il veut. Un organe rauque, des expressions des halles, qui contrastent avec l'ameublement et la mise de ces femmes, lui font connaître le lieu où il est. Il se remet aussitôt, s'annonce comme l'ami de des Audrets, et s'explique en amateur. Tout en lui exprime l'opulence et le goût du plaisir; le nom de des Audrets inspire à ces femmes une confiance sans bornes. Quelques pièces d'or, jetées sur une table, les gagnent tout-à-fait.

« M. des Audrets se presse trop, dit
« l'une d'elles. Il sait que je n'avons en-
« core pu persuader c'te petite bageule-
« là. Voyez, au surplus, si vous serez
« pus chanceux qu'nous. » On lui ouvre un cabinet, caché avec art sous des

draperies. Une jeune fille est étendu sur une ottomane, l'unique meuble qui soit là; son visage est caché dans ses mains; son attitude est celle de la douleur.

Jules s'enferme avec elle; il s'approche; il hasarde quelques mots insignifians; il ne reçoit pas de réponse. Des larmes abondantes coulent sur les bras de l'infortunée; il croit voir une victime et il tressaille de joie. Il s'annonce comme un libérateur, et elle lève péniblement la tête; les plus beaux yeux du monde expriment une profonde affliction. Jules lui parle encore; elle se tait; mais il est facile de juger que la crainte la force au silence. La vérité a un accent qui persuade : peu à peu Jules inspire quelque confiance à cette fille intéressante; il est instruit des crimes de des Audrets.

Il sort, en disant que la petite est opiniâtre; mais qu'il en a réduit de plus difficiles, et qu'il reviendra le soir. Fort de ce qu'il a appris, il court chez le commissaire du quartier. Le père de l'infortunée, qui, depuis plusieurs jours, secondait les recherches de la police, est aussitôt mandé. Il arrive; on part; on cerne l'infâme maison; on entre; on arrête les deux furies; tu sais le reste.

Je reviens à cette lettre, si intéressante pour moi, mais qui m'est parvenue par des moyens si condamnables. Les marques d'affection et de confiance que M. d'Apremont ne cesse de me prodiguer, ajoutent à mes regrets et à ma reconnaissance : il n'y a pas une heure qu'il est entré chez moi, pour m'annoncer qu'il me rend Jeannette et son mari.
« Vous parlerez à la jeune femme, je le
« sais, de quelqu'un qui vous est bien
« cher; mais je sais aussi ce que les pro-
« cédés peuvent sur une âme comme la
« vôtre : vous parlerez quelquefois d'un
« mari qui vous adore, et que vous ju-

« gez digne de quelque retour. Vous
« soulagerez votre cœur par des épan-
« chemens, que le mien invoquerait en
« vain, et auxquels je ne dois pas en-
« core prétendre ; mais vous lui donne-
« rez aussi des forces contre vous-même,
« en opposant enfin à ses mouvemens
« impétueux la raison et le devoir. Eloi-
« gnée bientôt de l'objet d'une malheu-
« reuse passion, vous reprendrez insen-
« siblement de l'empire sur vous-même,
« et vous m'accorderez une amitié ten-
« dre et franche, que j'aurai su mériter,
« et à laquelle je sens que je dois bor-
« ner tous mes vœux. »

Que pouvais-je répondre, Claire, à des expressions de la plus touchante bonté ? Il est des positions où on ne trouve pas de mots ; mais il est un langage plus expressif que la parole. Je ne sais ce que disaient mes yeux, ma physionomie, mon geste, le moindre de mes mouvemens ; mais je ne voyais que mon mari, je ne pensais qu'à lui; mon cœur était tout à lui. Je me suis jetée dans ses bras; je l'ai comblé des plus tendres caresses; et en provoquant les siennes, je sentais que je remontais à l'estime de moi-même. Quelques heures avant, il avait ravi mes faveurs; je les lui ai prodiguées. Oh! qu'il était heureux! Dans quelle délicieuse extase il est resté plongé! Par quelles expressions brûlantes il m'a remerciée de lui avoir fait connaître une félicité qu'il n'avait pas éprouvée encore, dont il n'avait pas même d'idée! Le croiras-tu, Claire? j'ai senti, en ce moment, que je pouvais vivre pour lui, pour lui seul. J'ai voulu justifier sa tendresse et mériter sa protection contre moi-même par une franchise entière, absolue: j'ai été prendre les lettres de Jules; je les lui ai présentées; je lui aurais aussi donné son portrait, si je l'avais eu encore.

Je me suis bientôt repentie de ce que

je venais de faire. A mesure qu'il lisait, sa figure devenait froide et même sévère. « Ces lettres, a-t-il dit enfin, se« raient celles d'un honnête homme, si « l'exacte probité permettait d'écrire « clandestinement à une femme qui a « des engagemens sacrés à remplir. Et « vous, ma bonne amie, ignoriez-vous « ce que vous prescrivait votre devoir ? « — Eh, monsieur, si je ne voulais me « soumettre à ses lois les plus rigoureu« ses, si je n'avais pris la ferme résolu« tion de ne plus correspondre avec « M. de Courcelles, vous aurais-je re« mis ses lettres ? Elles vous prouvent, « au moins, que lui et moi vous avons « constamment respecté. — C'en est as« sez, Adèle, c'en est assez. Notre bon« heur futur tient à l'oubli absolu du « passé. »

Cet entretien a été interrompu par le domestique de des Audrets, qui est venu demander les effets de son maître. Ce misérable n'a pas eu le temps de prendre une chemise, quand on l'a conduit en prison. M. d'Apremont a fait appeler son valet-de-chambre, et lui a ordonné de remettre tout ce qui appartient à M. des Audrets. Il s'est approché du domestique, et lui a glissé dans la main une bourse pleine d'or. Que de générosité, de grandeur! Comme cet homme-là se venge! Je sentais que je n'aurais pas été capable de tant de magnanimité, et cette réflexion m'a humiliée.

Une bonne action porte naturellement à en faire une seconde, si l'occasion s'en présente. M. d'Apremont avait traité sa nièce avec une rigueur qu'elle méritait peut-être, mais qu'il avait portée à l'excès. J'ai cru la haine que j'avais vouée à cette femme éteinte sans retour, et j'ai donné à entendre à mon mari qu'il lui devait une sorte de réparation. Il est parti à l'instant même, en me remerciant de lui rappeler un devoir, et en m'assurant que l'importance et la rapidité des événemens avaient pu seules le lui faire oublier.

Oh, oui, la journée d'hier a été féconde en événemens ! Combien il en devait arriver encore aujourd'hui !

M. d'Apremont était à peine sorti de l'hôtel, que Jeannette est entrée chez moi. J'ai couru au-devant d'elle ; je l'ai pressée dans mes bras. Nous avons mêlé nos larmes. Revenues à nous-mêmes, nous avons voulu causer. Que de choses nous avions à nous dire, que d'empressement à nous interroger, que de questions partaient à la fois, et demeuraient sans réponse ! Mais quel dévouement d'une part, quelle affection de l'autre ! Cette jeune femme se partage entièrement entre son mari et moi.

Le plaisir de nous retrouver ensemble s'est calmé insensiblement, et des sensations nouvelles ont bientôt succédé à celles qui d'abord m'avaient occupée exclusivement. L'aspect de Jeannette m'a rendue à des impressions que, pendant quelques heures, j'ai crues totalement effacées. Argentan, Velzac, les jardins, les bosquets, le marronier, les baisers de feu, cette porte du parc, par où il est sorti, et que Jeannette a refermée sur lui, je me suis tout retracé avec un serrement de cœur, dont je ne peux te donner d'idée. Présomptueuse que je suis ! J'ai cru avoir surmonté l'amour, et je l'ai retrouvé avec mes souvenirs !

Cependant je voulais vaincre, Claire, je le voulais sincèrement. « Ne parlons
« plus de lui, Jeannette, me suis-je
« écriée, je t'en supplie, n'en parlons
« plus. Parle-moi de M. d'Apremont,
« de ses droits, de son indulgence. Rap-
« pelle-moi sans cesse à ce que je lui
« dois. Dis-moi que l'amour sans espoir
« ne saurait durer toujours; qu'un se-
« cond attachement peut relever, ra-
« nimer un cœur froissé, abattu, et le

« pénétrer enfin de cette félicité, dont « il s'est fait une si douce image. » Je lui disais tout cela, Claire, et je me croyais de bonne foi. Mais je pleurais en lui parlant ainsi; j'appelais sur mes lèvres, sur mon cœur, ces caractères enchanteurs, dont je venais de me dépouiller. Jeannette pleurait avec moi et gardait le silence. Que pouvait-elle me dire, bon Dieu! C'est en me parlant d'un seul homme qu'elle aurait fixé mon attention, et elle savait que m'en parler, c'était jeter de l'huile sur du feu.

Mes chagrins, mes vœux secrets, les événemens m'ont tellement occupée, que j'ai négligé, depuis plusieurs mois, de te parler de monsieur et de madame de Méran. Mon père, que mon état brillant et l'opulence qu'il a recouvrée, ont charmé d'abord, s'ennuie à présent à Velzac, et cela n'est pas étonnant : l'ambition, la vanité, ne sont que des passions de tête; elles laissent le cœur vide, et il est la source des vrais biens. Ma mère, toujours résignée, végète, sans peines et sans plaisirs, dans un superbe château. Elle m'écrit souvent; ses lettres forment un cours d'excellente morale; mais tu sais ce que peuvent des raisonnemens sur une femme passionnée. Mes réponses sont inspirées par la plus sincère affection, et cependant je me suis imposé une réserve qui doit donner une teinte de sécheresse à tout ce que je lui écris.

J'ai pensé un moment à leur faire part de ce qui s'est passé hier et aujourd'hui. Je sentais que les premières impressions s'effacent difficilement, et que j'avais tout à gagner, en prévenant l'effet des menaces de des Audrets. J'ai réfléchi ensuite que cet homme, démasqué, déshonoré, n'obtiendrait pas de confiance; qu'il est intéressé à ménager des hommes en crédit, auxquels il a donné contre lui des armes puissantes;

enfin j'ai vu que je troublerais sans nécessité le repos de ma pauvre mère, et une forte émotion pourrait lui être fatale. Une fleur, déjà avancée, se soutient long-temps encore, lorsqu'elle est à l'abri des orages ; elle ne résiste pas au vent impétueux qui vient la frapper.

Tu penses bien que ce plan de vie intime avec monsieur et madame de Courcelles, ce plan formé à Velzac, et que déjà j'avais intérieurement rejeté, serait anéanti, lors même que nous n'irions pas nous fixer à Champville. M. d'Apremont me marque beaucoup de confiance ; mais il a l'expérience que donnent les années, et il sait qu'on ne met pas du poison à la portée d'un malade en délire.

La fin du jour s'approche et il ne rentre pas. Qui peut donc le retenir si long-temps chez M. de Courcelles ?... Un domestique se présente ; il me remet un billet.... Il est de M. d'Apremont.

Il m'écrit qu'une suite de scènes effrayantes ne lui permet pas de quitter sa nièce ; que notre départ pour Champville est nécessairement différé, et qu'il m'engage à ne pas l'attendre.

L'ambiguité de ce billet m'inquiète, m'alarme. J'interroge le domestique : il ne sait rien de ce qui s'est passé dans l'intérieur des appartemens ; il a seulement entendu parler avec beaucoup de chaleur ; il a vu sortir M. de Courcelles, qui appelait Julie à grands cris ; un autre domestique a reçu l'ordre d'aller chez M. d'Estouville, et de le prier de se rendre de suite à l'hôtel ; M. d'Apremont est sorti et rentré plusieurs fois ; l'accoucheur a été mandé. Voilà tout ce que j'ai pu apprendre.

J'ai présumé d'abord que les plaisirs bruyans, les veilles, et peut-être quelque faute de calcul, avaient avancé le moment critique et douloureux. Mais qu'a de si *effrayant* un événement attendu, naturel, et par conséquent inévitable ?.... Peut-être des symptômes alarmans, quelqu'accident imprévu font-ils craindre pour madame de Courcelles. Mais de quel secours peuvent lui être M. d'Apremont et d'Estouville ? Je m'y perds.

S'il n'était dans les convenances et dans ma volonté d'éviter Jules à l'avenir, je me rendrais de suite à son hôtel. Le danger où cette femme est probablement exposée, a éteint en moi toute espèce de ressentiment : je sais aimer ; je ne peux point haïr. D'ailleurs, c'est l'enfant du bien-aimé, que des soins assidus sauveraient peut-être, et, je le sens, cet enfant a des droits réels à mon affection..... N'importe, je n'irai pas dans cette maison. Mais je vais y envoyer Jeannette. Jules la verra avec plaisir; elle peut être utile ; elle saura au moins ce qui se passe ; elle viendra m'en rendre compte. Je la charge de dire à M. d'Apremont que l'obscurité de son billet m'affecte, et que je le prie de terminer l'incertitude où je suis.

Jeannette est partie. Que ferai-je, en attendant son retour ? Je prends un livre ; c'est la *Nouvelle Héloïse*. Toujours trop préoccupée pour lire souvent, ni long-temps, je m'attache cependant aux ouvrages qui me retracent quelque chose de ce qui se passe dans mon cœur. Lecture dangereuse, je le sais; mais mon imagination n'est-elle pas plus puissante que ces écrits, réfléchis, calculés, qui ne m'offrent que de l'amour battu à froid ? Lire, c'est échapper à moi-même.

A propos de ce livre, crois-tu qu'il soit dans la nature qu'une fille bien née, qui a résisté à l'impulsion d'un premier baiser, prépare et arrête de sang-froid le moment de sa défaite ? Est-il dans la nature qu'un époux, instruit de ce qui s'est passé, fixe chez lui l'amant de sa femme ? Est-il dans la nature que deux êtres qui s'adorent soient ensemble à tous les momens du jour, et ne cèdent jamais ? Ils s'égarent une fois dans les rochers de Meilleraie ; ils y trouvent les souvenirs les plus touchans ; ils éprouvent les plus vives émotions ; ils sont séparés du reste de l'univers, et la vertu triomphe ! Je ne m'établis pas arbitre entre le public et ce livre ; mais je le juge selon mon cœur : Jean-Jacques n'aimait pas quand il l'a écrit.

La nuit s'avance, et je ne vois personne. Je passe de l'inquiétude à la crainte... Pourquoi ne puis-je aller dans cette maison ! J'appelle Jérôme ; je l'envoie chez M. de Courcelles. Il dira à M. d'Apremont qu'à l'instant même je veux voir lui ou Jeannette, et que je ne réponds pas de ce que je ferai, si on me laisse plus long-temps en proie à l'anxiété qui me tourmente.

Un quart-d'heure n'était pas écoulé,

quand Jérôme est rentré avec sa femme. Elle était pâle, défaite, elle se soutenait à peine..... « Jules, Jules ! me suis-je « écriée..... — Ne craignez rien pour « lui, madame. — M. d'Apremont !.... « — M'a ordonné de vous dire qu'il ren- « trera bientôt. — Que s'est-il donc « passé ?... — Madame de Courcelles, « son enfant.... — Hé bien ? — La mort, « la mort !... — Ils sont morts, dis-tu !... « — On le craint, on le croit... Je ne « sais... Je ne puis... » Elle est tombée dans les bras de son mari.

Une révolution terrible s'est opérée en moi. Jules, libre, s'est offert à mon imagination, avec sa beauté, ses grâces, son cœur brûlant d'amour.... Un retour subit sur moi-même m'a rappelé le nœud qui me lie. J'ai laissé tomber ma tête sur ma poitrine, et je n'ai pu proférer une parole.

M. d'Apremont est rentré enfin dans un état d'abattement, qui m'a touchée.

Je suis allée à lui; je l'ai conduit à mon ottomane; je m'y suis placée près de lui. Je tenais sa main; je le regardais avec douleur et curiosité; j'attendais qu'il parlât. La malheureuse, la malheureuse! s'est-il écrié à différentes reprises. Je lui adressais des questions auxquelles il ne répondait que par des mots sans suite. Le désordre de ses idées m'effrayait. J'ai tout fait pour le rendre à lui-même; j'y ai réussi enfin. Il a parlé.

Madame de Courcelles était sur une chaise longue : ce genre de siége est le trône de la coquetterie. Il favorise le développement des grâces; il donne à tous les mouvemens une teinte de volupté. Son oncle a remarqué de la pâleur et même quelque tiraillement dans les muscles du visage, qu'il a d'abord attribués à son état. Mais son mari avait l'œil animé, la respiration courte et difficile, l'impatience se manifestait dans ses gestes, dans la promptitude avec laquelle il changeait de position. M. d'Apremont a senti qu'il s'était élevé quelque nuage entre les deux époux : on ne lui a pas laissé ignorer long-temps ce qui se passait.

« Qu'allez-vous penser de M. de
« Courcelles ? a-t-elle dit à son oncle.
« Il a le travers impardonnable de
« vouloir qu'une femme ne soit pas la
« maîtresse chez elle. — Je veux, ma-
« dame, qu'un mari ne soit pas nul
« dans sa maison ; que ceux qui la fré-
« quentent ne contractent pas l'habitude
« de l'y voir comme un étranger, et ne
« se permettent pas surtout de le traiter
« en homme sans conséquence. — Hé,
« monsieur, vient-on chez une jolie
« femme pour faire la cour à son mari ?
« — Depuis long-temps je m'aperçois,
« madame, que les hommages très-
« marqués, qu'on vous prodigue, sont
« déplacés à mon égard, et vous auraient

« paru offensans, si vous aviez réfléchi
« à ce que vous devez à tous deux.
« — De la jalousie, monsieur ! Prenez
« garde, vous allez vous donner un ri-
« dicule...—Aux yeux des étourdis que
« vous accueillez avec trop de bienveil-
« lance. Leur suffrage me rangerait dans
« la même classe qu'eux, et j'ai la noble
« ambition de prétendre à l'estime des
« honnêtes gens. — Finissons, s'il vous
« plaît, monsieur ; terminons une dis-
« cussion, qui n'a que trop duré.
« Voyons ; que prétendez-vous, que
« voulez-vous? — Que vous fermiez
« votre porte à des êtres que vous n'au-
« riez jamais dû recevoir. — Je ne ferai
« jamais cela, monsieur. — Hé bien ! je
« le ferai, madame. »

Cette fermeté, à laquelle elle n'était pas accoutumée, le dépit de se voir maîtriser, lui ont tiré quelques larmes. Elle s'est plainte à son oncle du despotisme de son mari; elle a déclaré ne pouvoir supporter l'affreuse solitude à laquelle il la condamnait. Elle lui a demandé, avec hauteur, si c'est là le prix qu'il réserve au sacrifice qu'elle lui a fait, et Jules s'est oublié jusqu'à donner à entendre qu'il ne lui tient aucun compte d'une faiblesse qui l'a contraint à l'épouser. De ce moment, la colère d'un côté, l'indignation de l'autre, ont tout exagéré, tout dénaturé. Jules, poussé à bout par l'arrogance de sa femme, lui a demandé si les jeunes gens, qui lui font la cour, sont des élèves de Duverlant, de Beauclair, de Vertpré, et si son jardin a été le théâtre de quelque scène du genre de celle qui s'est passée dans le pavillon chinois de Velzac.

M. d'Apremont ignorait ces particularités, et madame de Courcelles se flattait qu'elles n'étaient pas connues de son mari. Furieuse de se voir démasquer devant son oncle, elle n'a plus gardé de mesures; elle a accablé son mari des reproches les moins mérités; elle est descendue jusqu'à l'invective; et, trop faible pour résister long-temps à la violence de ses sensations, elle est tombée sur un siége, privée de sentiment.

M. d'Apremont était dans le plus cruel embarras : il sait combien il est délicat de s'immiscer dans de semblables démêlés, et il ne restait, qu'abusé par l'espoir que sa présence ramènerait enfin M. et madame de Courcelles à la décence et à la modération.

Il rend à Jules la justice de convenir que l'état douloureux où il a vu sa femme l'a désarmé à l'instant. Il a couru à sa toilette ; il cherchait un flacon d'éther, que sa précipitation même l'empêchait de trouver. En retournant tout ce qui était dans ce meuble, une lettre lui est tombée sous la main; il y a porté les yeux machinalement; les premiers mots ont fixé son attention, et à peine a-t-il eu parcouru quelques lignes, que l'intérêt qu'il portait à sa femme a fait place à la fureur la plus violente et la plus fondée. « Tenez, monsieur, prenez, « lisez, s'est-il écrié en présentant la « lettre à M. d'Apremont. »

Point de détours; aucune de ces périphrases décentes, qui ôtent aux expressions du vice ce qu'elles ont de dégoûtant. Tout était clair, positif; l'incrédulité même n'aurait pu conserver aucun doute, et l'indulgence ne trouvait plus d'accès dans le cœur du mari, ni même dans celui de l'oncle.

Cependant on ne laisse pas mourir une femme coupable, et on ne fait pas entrer ses gens dans des choses qu'on voudrait pouvoir se cacher à soi-même. Jules s'est souvenu que la vie de son enfant tenait peut-être à la prompte terminaison de cette crise. Il court prendre dans son appartement, ce qu'il n'a pas trouvé chez son épouse. Un paquet cacheté est sur sa cheminée. Il ouvre ; il lit un détail circonstancié de l'inconduite de sa femme, et on lui indique le tiroir de son secrétaire où en sont déposées les preuves les plus convaincantes. Déjà, il en avait une irrécusable; mais il voulait accabler la malheureuse par la multiplicité et l'évidence des faits.

Il descend. La jeunesse et la nature avaient produit l'effet qu'on devait en attendre : elle avait recouvré l'usage de ses sens. Jules, exaspéré, hors de toute nature, lui lit la lettre qu'il a trouvée dans la toilette, et lui demande la clef de son secrétaire d'un ton à la faire trembler. Elle refuse cette clef; Jules prend un chenet et fait sauter la serrure. Ici se dévoile, dans toute son étendue, cet incroyable mystère de dissimulation et de perversité.

Cet enfant n'appartient pas à Jules. Il est d'un officier, parent de madame de Valny. Le chirurgien major du régiment, après avoir inutilement employé toutes les ressources de l'art de détruire, a fait disparaître les traces de la volupté et a opéré une restauration suffisante pour tromper un jeune homme sans expérience. Il fallait trouver une victime; il la fallait à l'instant : la misérable a choisi le plus beau, le plus sensible, le plus aimable, le plus confiant, le plus honnête des hommes, et non contente de l'avoir trompé avant son mariage, elle s'est livrée ensuite à un libertinage effréné.

Quelques-unes de ces lettres indiquent l'époque, où le désir de plaire et le genre d'habitudes qu'il exige, ont enfin éveillé des sens trop long-temps assoupis. Le colonel se félicite d'avoir saisi le moment favorable; mais privé des dons de la fortune, il a senti la nécessité de n'être qu'amant. Peut-être aussi n'a-t-il pas été fâché de trouver un prétexte d'éviter un engagement plus sérieux : les plaisirs faciles inspirent toujours une sorte d'éloignement pour le mariage ; on se décide rarement surtout à épouser celle qu'on a cessé d'estimer.

L'intimité qui régnait entre ce jeune homme et mademoiselle d'Apremont, a été nécessairement suspendue du moment où le chirurgien lui a donné ses soins, jusqu'à celui où Jules a cru triompher de sa vertu. Alors, le colonel est rentré dans ce qu'il appelle ses droits ; il insulte à la crédulité de celui qui veut bien couvrir les distractions de l'amour. M. d'Apremont était révolté de l'amertume des railleries et de l'indécence des expressions.

La campagne qui vient de s'ouvrir, a rappelé le colonel à ses drapeaux, et il a été promptement oublié et remplacé. Il paraît que ceux qui se sont présentés ont été accueillis, et l'art avec lequel cette femme menait des intrigues sans résultat, a été heureusement employé jusqu'ici pour masquer ses désordres. Mais il vient un jour où tout se découvre jusque dans les moindres détails : la diversité des écritures établit le nombre des amans. M. d'Apremont a cru devoir garder le silence à cet égard, et il m'a paru inconvenant de le presser. Que m'importe, après tout, de savoir à quel point elle est déshonorée ? Mon cœur se brise, quand je pense que son infamie rejaillit en quelque sorte sur celui dont elle a avili le nom : le reste m'est indifférent.

Cependant, je n'ai pu m'empêcher de marquer mon étonnement de ce qu'une femme aussi adroite a conservé des lettres qui pouvaient la perdre et dont la possession ne devait rien ajouter à ses plaisirs. M. d'Apremont m'a franchement avoué qu'il n'en existait aucune qui précédât la jouissance, et que la licence du style, en flattant la corruption de celle à qui elles sont adressécs, a pu seule la déterminer à les garder ; que cette femme était d'ailleurs dans une sécurité absolue, et, en effet, il fallait une suite d'événemens aussi extraordinaires, pour porter un homme bien né à violer le secret de la correspondance de sa femme.

Ici, M. d'Apremont, affligé, tourmenté, s'est arrêté un moment pour se livrer à ses réflexions ; elles devaient être poignantes. Les miennes me ramenaient sans cesse à un seul objet : cette lettre, où le colonel insulte à la crédulité du malheureux époux, aura nécessairement des suites. Un homme tel que Jules ne supporte pas un pareil outrage. Je ne me sentais pas la force de le désirer ; mais je voulais savoir ce que j'ai à espérer ou à craindre, et j'ai ramené M. d'Apremont sur une scène que je jugeais loin encore d'être terminée.

L'épouse dégradée sentait qu'elle n'avait plus rien à ménager, et elle a cessé de se contraindre. Elle a bravé la vengeance de son mari et le ressentiment de son oncle. Jules, plus révolté encore de cet excès d'impudence, et par conséquent moins capable de rien prévoir, tenait à la main ces lettres qu'il venait de lire avec l'accent du désespoir. Elle a cru pouvoir employer avec succès le moyen qui lui a réussi chez mon père, pour soustraire et anéantir les preuves de son infamie. Elle s'est élancée sur son mari, pour lui arracher ces lettres et les déchirer. Jules s'est abandonné à un mouvement terrible. Il a rassemblé toutes ses forces, et a repoussé cette femme avec une telle violence, qu'elle est allée tomber à l'autre extrémité de la chambre. M. d'Apremont s'est précipité; il était trop tard. La tête avait donné contre un coin de la cheminée, et le centre avait porté sur le bras d'un fauteuil.

L'infortuné Jules devait se livrer successivement à tous les extrêmes. La vue du sang de cette malheureuse a fait sur lui la plus forte impression, et il est passé tout-à-coup de la fureur aux plus vives alarmes. Mais que pouvaient deux hommes dans une circonstance aussi critique ? M. de Courcelles est sorti ; il a appelé Julie à grands cris et les forces de cette fille ont été insuffisantes. Il a fallu faire venir les autres femmes. L'épouse criminelle, incapable de se contenir, se laissait aller à l'impétuosité de son caractère, et dès ce moment la honte de cette maison a été connue.

Jules, confus, humilié, a entraîné M. d'Apremont dans son appartement. Il lui a parlé avec la candeur de son âge, et la franchise d'un excellent cœur. Que pouvait lui reprocher M. d'Apremont ? Trompé par un ami à qui il avait donné toute sa confiance, déshonoré, en quelque sorte, par une nièce, sur qui il avait autrefois rassemblé ses plus chères affections, il a mêlé ses larmes à celles du bien-aimé.

Julie est venu annoncer que madame éprouvait de fortes douleurs. « L'enfant « du crime ne devait pas vivre, » s'est écrié Jules, revenu à ses premiers transports. Il a saisi avec force la main de Julie : « Qui de vous est entré depuis « midi dans mon appartement? Qui a « déposé sur ma cheminée cette lettre « anonyme? Qui que ce soit qui l'ait « écrite, il est mon ennemi. Répondez, « répondez, vous dis-je ; qui est entré « dans mon appartement? »

Julie pouvait dire qu'elle l'ignorait, et Jules aurait senti que ses interrogations ne pouvaient amener aucun éclaircissement : quel domestique avouerait une faute qu'il peut cacher par une simple dénégation? Julie s'est troublée; elle a pâli, elle a balbutié. La colère, les menaces de son maître, lui ont arraché des larmes qui peut-être eussent parlé en faveur de son innocence. En tirant son mouchoir, elle a fait tomber un papier qui d'abord n'a pas fixé l'attention; la précipitation avec laquelle elle l'a ramassé, a fait naître des soupçons. Jules le lui a demandé; elle a balancé à le lui remettre; il l'a arraché de ses mains, et il n'a vu qu'un mémoire de menues dépenses.

L'éloignement très-marqué de Julie à livrer un papier d'aussi peu d'importance, a tout-à-coup éclairé Jules. Il a tiré la lettre anonyme; il en a comparé l'écriture à celle du mémoire, et malgré les efforts qu'on avait faits pour déguiser la première, il est resté convaincu qu'elles sont de la même main.

Il a parlé, il a tonné, il a foudroyé cette fille. Elle pouvait entreprendre de justifier sa conduite, en attribuant à son attachement pour M. de Courcelles, et à sa délicatesse, blessée du rôle qu'on lui faisait jouer dans ces intrigues, une démarche qui, présentée ainsi, eût paru moins répréhensible, et qui pouvait être pardonnée. Terrifiée, attérée, elle n'a trouvé que la vérité à opposer à l'orage qui allait fondre sur elle.

Des Audrets, à qui il faut sans cesse des plaisirs et des victimes, a persuadé et vaincu Julie par des présens et des promesses. Peut-être cet homme astucieux ne cherchait-il en elle qu'un instrument dévoué aux vengeances qu'il méditait, et dont il avait eu l'impudeur de me parler, en me menaçant moi-même de tout son ressentiment. Quoi qu'il en soit, Julie, tombée dans sa dépendance par les suites de leur commerce, et par la crainte d'en être abandonnée, a consenti à épier sa maîtresse, et à rendre compte de ses moindres démarches à son séducteur. C'est lui qui, loin de prévoir le coup qui était prêt à le frapper, a forcé cette fille à écrire, sous sa dictée, la lettre anonyme, et à la faire parvenir à M. de Courcelles. Un logement, des meubles, une pension suffisante devaient être le prix de sa docilité.

Ainsi, ce misérable effectue successivement tous ses projets, et en intéressant à ses crimes des familles respectables, il les réduit à n'oser implorer contre lui la sévérité des lois. Mais M. d'Apremont le connaît, à présent, et si le monstre osait écrire à mon père, mon mari proclamerait mon innocence. Je reprends mon récit.

Les gens de l'hôtel ignoraient encore les événemens de la veille. Quand Julie a su que des Audrets est démasqué, emprisonné, elle est tombée dans un désespoir dont Jules a eu pitié. Il lui a donné une somme assez forte, et l'a congédiée à l'instant.

Une seconde femme est venu annoncer que les douleurs se succédaient rapidement. Jules, ramené à ses sentimens naturels par l'acte de bienfaisance qu'il venait de faire, a ordonné d'un ton assez calme qu'on allât chercher l'accoucheur. Mais bientôt ses yeux se sont reportés sur ces lettres qui attestent les outrages qu'il a reçus, et le manège odieux dont il a été la dupe. Les passions orageuses l'ont tourmenté de nouveau ; le mépris, la fureur, la soif de la vengeance l'agitaient tour-à-tour. M. d'Apremont s'efforçait de le rendre à lui-même ; il lui prodiguait ces raisonnemens qui ne peuvent rien sur les plaies de l'âme, et qu'on daigne à peine écouter. Jules a fait appeler Firmin ; il lui a ordonné de prendre une voiture, d'aller chez M. d'Estouville, et de le ramener avec lui, quoi qu'il fît, ou qu'il pût dire.

L'accoucheur s'est présenté. Il a déclaré, avec les ménagemens d'usage, que probablement l'enfant était mort, et que l'état de madame n'offrait rien de rassurant.

L'idée d'une femme mourante, des suites de la violence de son mari, a jeté Jules dans un profond accablement. Il en est sorti pour s'accuser lui-même. « Sa conduite a été horrible ; s'est-il « écrié ; mais a-t-elle mérité la mort ? « Devais-je la lui donner ? les tribunaux « ne m'auraient-ils pas vengé ? et cet « enfant, étranger au crime de sa mère, « ne devait-il pas être sacré pour moi ? « J'ai empoisonné le reste de ma vie ; « le remords me suivra partout... Le « remords ! en a-t-elle éprouvé, celle « qui accumulait outrage sur outrage ; « qui joignait la perfidie à l'avilissement, « l'ironie à l'insulte ? Etais-je, moi, dans « une position à rien calculer ? Pouvais-« je prévoir l'effet d'un mouvement qui « ne tendait qu'à me conserver les preu-« ves de la plus basse trahison ? Non, « je ne voulais pas sa mort ; je ne la « désire pas en ce moment, et si elle « périt, elle n'en peut accuser qu'elle. »

M. d'Estouville est entré en ce moment : Firmin l'avait instruit des particularités qu'on n'avait pu cacher aux domestiques. Jules est allé au-devant de lui : « M. d'Apremont, a-t-il dit, est
« l'oncle de madame de Courcelles. S'il
« y avait la moindre obscurité dans les
« faits, il se prononcerait contre moi,
« et vous voyez, monsieur, qu'il me
« prodigue les consolations et ses soins.
« Interrogez-le sur les événemens af-
« freux qui se sont passés ici : je suis
« las de m'occuper de ces infamies. »

M. d'Apremont a tiré M. d'Estouville à l'écart ; ils se sont entretenus longtemps. Mon mari sentait que Jules a les droits les plus réels à une vengeance éclatante ; mais il désire éviter à sa nièce un jugement infamant. M. d'Estouville, tourmenté, incertain, ne savait à quel parti s'arrêter. Il s'est approché de son neveu ; il a voulu lui parler ; la parole expirait sur ses lèvres. « Que me direz-

« vous, monsieur ? s'est écrié Jules.
« Que peuvent des mots contre des
« choses ? Il est des malheurs sans re-
« mède, et ceux qui accablent cette
« maison sont votre ouvrage. Vous vous
« repentez, maintenant ; à quoi remé-
« dieront vos regrets, et ces larmes qui
« mouillent votre paupière ? »

« J'adorais une femme accomplie ;
« j'en étais tendrement aimé, et le bon-
« heur de toute ma vie ne vous a ins-
« piré aucun intérêt. Vous m'avez arra-
« ché à tout ce qui me la rendait chère,
« pour me jeter dans les bras d'une pros-
« tituée. M. de Méran, madame de
« Villers vous ont vainement fait con-
« naître le danger ; vous vous êtes joué
« de la sainteté du mariage ; vous n'avez
« vu dans ce lien qu'un contrat ; vous
« avez voulu mettre de l'or avec de l'or,
« et vous m'avez rendu le plus infortuné
« des hommes. »

Jules n'avait pas mandé son oncle

pour l'accabler de reproches; il voulait seulement lui prouver qu'il n'avait aucun tort envers celle que son cœur avait constamment repoussée. Il s'est laissé entraîner par la force des circonstances.

Il s'est levé; il a marché à grands pas; il s'est assis ; il s'est relevé. Ses yeux étaient ardens, ses muscles contractés, ses lèvres tremblantes laissaient échapper des menaces ; il est sorti de l'appartement. Son oncle et M. d'Apremont ont couru sur ses pas. « Malheureux
« jeune homme, où allez-vous?—Je
« vais demander des chevaux de poste.
« —Que voulez-vous faire?—Je pars pour
« l'armée; je cherche le colonel; je lave
« mon injure dans son sang.—Fût-il le
« seul amant de votre femme, et vous
« battrez-vous avec dix jeunes gens sans
« mœurs? — Je ne connais que le colo-
« nel; c'est sur lui que tombera l'orage.
« — Êtes-vous sûr de ne pas succom-
« ber? — Je n'aurai pas survécu à mon

« déshonneur, à mon désespoir. — Hé
« bien ! monsieur, si vous résistez à
« votre oncle, vous défendrez-vous
« contre madame d'Apremont, au nom
« de qui je vous parle en ce moment?
« Elle n'a cédé, en m'épousant, qu'à la
« piété filiale alarmée ; elle vous a con-
« servé tous les sentimens que ne ré-
« prouvent pas son devoir; son exis-
« tence tient peut-être à la vôtre. Expo-
« serez-vous au même coup celle qui
« vous fut si chère, et l'homme qui oc-
« cupera toujours une place marquante
« dans son cœur? »

Oh ! Claire, Claire, je ne peux te rendre l'effet qu'a produit sur moi tant de magnanimité. M. d'Apremont ne peut aimer Jules, je le sais; c'est pour moi qu'il a employé le plus puissant des moyens qui pussent le rattacher à la vie; il a invoqué jusqu'à mon amour pour calmer ce malheureux ! Je te l'avoue, j'ai fixé mon mari avec un intérêt, un plaisir, qui tenaient de l'ivresse. J'ignore si la reconnaissance portée à l'excès peut ressembler à de l'amour; mais mon cœur était plein de lui. Je suis tombée alternativement à ses pieds et dans ses bras ; je lui ai prodigué les noms les plus tendres.... Insensée ! je ne sentais pas que j'adorais en lui un Dieu qui me conservait mon amant.

Firmin se tenait constamment dans une chambre voisine. Etranger à une coupable curiosité, il n'écoutait que pour être utile : le zèle a besoin d'être éclairé. Affligé de l'exaspération qui torture son maître, il sort, il court à la poste ; il ne veut pas qu'on donne de chevaux. Il ne sait pas encore de quel prétexte il se servira; il n'en trouvera pas, peut-être; mais, s'il le faut, il emploiera la force pour empêcher Jules de partir... Il rencontre le valet de chambre de madame de Valny ; il est frappé de la tristesse profonde qu'exprime la figure de cet homme. Il l'interroge ; il est arrivé un bulletin de l'armée, le colonel a été tué à l'affaire de Montereau. Firmin arrache le papier des mains du valet de chambre ; il revient, il rentre, il monte. « Le ciel a fait justice, dit-il, « en mettant le bulletin sur une table. »

Une révolution soudaine s'est opérée dans tous les esprits. MM. d'Estouville et d'Apremont, rassurés sur l'existence de Jules, ont respiré un moment. Mais à peine délivrés d'un fardeau, ils sont revenus à la position de Jules et de sa femme, qui devenait à chaque instant plus alarmante. Les transports qui, depuis quelques heures, agitaient l'infortuné jeune homme, avaient décomposé ses traits, et l'état de madame de Courcelles empirait sensiblement. La colère de Jules, long-temps fixée sur le colonel, se portait sur un autre objet : les atrocités de des Audrets se retraçaient à sa mémoire. Il lui fallait une victime,

et c'est ce monstre qu'il désignait. MM. d'Estouville et d'Apremont étaient disposés à abandonner un tel homme à sa vengeance ; mais comme l'avait judicieusement remarqué des Audrets lui-même, on ne pouvait le perdre sans dévoiler des secrets, qui couvriraient de honte certaines familles, et qui en livreraient d'autres à la malignité et aux sarcasmes du public. « Madame de Fer-
« val, répondait Jules, s'est chargée
« elle-même de publier son déshonneur,
« et un événement de plus ou de moins
« ne peut rien sur sa réputation ; l'inno-
« cence de la demoiselle de Tarbes est
« prouvée jusqu'à l'évidence, et je ne
« peux me cacher que l'éclat qui s'est
« fait ici va me rendre la fable de Paris.
« Qu'y a-t-il donc à ménager ? Qu'il
« périsse le misérable, à qui je n'ai
« donné aucun sujet de plainte et qui
« me range au nombre de ses proscrits.
« Qu'il paie de sa tête la lettre ano-

« nyme, qui a achevé d'enfoncer le poi-
« gnard dans mon sein. » M. d'Apremont ne se dissimulait pas qu'un mari
jaloux prête toujours au ridicule, et
que lorsqu'il confie la vertu de sa femme, ne fût-ce que pour deux heures, à
un être du genre de la Dupont, il devient l'objet des railleries de la cour et
de la ville. On raisonnait, on discutait,
on ne décidait rien. La nuit s'avançait,
les forces s'épuisaient; chacun sentait le
besoin du repos. M. d'Apremont est
sorti, après avoir fait promettre à Jules
de ne rien entreprendre avant son
retour.

CHAPITRE VI.

On vit, on souffre à Champville.

Firmin est venu le matin de bonne heure. Il nous a annoncé que l'enfant était mort, et qu'on désespérait de la vie de sa mère. J'ai pensé à Jules, aux remords qui allaient renaître, à l'état cruel dans lequel il tomberait. J'ai engagé M. d'Apremont à se rendre près de lui.

Dans quel état je suis tombée moi-même, lorsque j'ai été seule ! Ma vie entière s'est présentée à moi ; je l'ai scrutée avec impartialité, et je me suis trouvée coupable. J'ai voulu sauver mon père, en disposant de ma main sans mon cœur : mais était-il réellement en danger ? Le médecin n'a-t-il pu être gagné ? N'ai-je pas cédé trop facilement aux apparences ? Jules m'avait donné, j'en conviens, l'exemple de l'infidélité ; mais une infidélité volontaire n'est-elle pas un crime, et ce crime ne l'ai-je pas commis ? Ne savais-je pas d'ailleurs que j'allais reconnaître l'amour le plus vrai, le plus vif par l'indifférence la plus absolue ? Pouvais-je me dissimuler que je nourrissais dans le fond de mon cœur une flamme adultère, et qu'il suffirait peut-être d'un instant d'oubli de soi-même pour outrager un homme respectable ?

Claire ! Jules va être libre, et je suis engagée ! cette idée est poignante ; elle me poursuit sans relâche. Peut-être cette idée cruelle a-t-elle produit la sévérité avec laquelle je viens de me juger. Je me rappelle qu'au moment où j'ai consenti, j'ai éprouvé ce noble et secret orgueil, qui suit toujours une bonne action. Etais-je vraie alors avec moi, ou suis-je aujourd'hui en proie à d'inutiles regrets ?

Et qu'importe, après tout ? Le mal est sans remède : voilà une vérité, dont il faut que je me pénètre, au sentiment de laquelle je dois opposer un courage nouveau. Oui, je me souviendrai que M. d'Apremont m'a comblée de bienfaits, ainsi que ma famille; que s'il a cédé un moment aux insinuations d'un homme odieux, il a réparé ses torts par tous les moyens dont peut disposer un homme, qui a le cœur bien placé. M. d'Apremont a cinquante ans; mais il jouit d'une santé parfaite; sa figure est noble, son esprit cultivé, ses manières aimables, et il m'adore. Ne puis-je aimer cet homme-là ? Je l'aimerais sans doute, sans la passion délirante, insurmontable, qui me subjugue, et qui paraît s'être identifiée avec moi. Eh bien ! je fuirai ; j'irai m'ensevelir à Champville avec mon époux ; je n'y verrai que lui ; je l'opposerai à mon amour. Mon imagination brûlante imprimera peut-être sur ses traits ceux de l'homme adoré ; je parviendrai peut-être à m'abuser moi-même ; je l'accablerai des plus tendres caresses, et je le rendrai le plus heureux des hommes.

C'en est fait : la malheureuse femme a fini aujourd'hui à onze heures, et le ressentiment de son mari s'est éteint avec elle. C'est alors qu'il s'est reproché plus amèrement qu'il ne l'avait fait encore la violence involontaire qui a précipité son épouse au tombeau. « Elle ne « méritait pas la mort, elle ne la méri- « tait pas, répétait-il sans cesse et je « me suis souillé d'un meurtre abomi- « nable. » Messieurs d'Estouville et d'Apremont ont senti qu'ils ne pouvaient éloigner cette pensée déchirante, qu'en lui retraçant cette suite d'actions criminelles, qui avaient d'abord excité son indignation. Il était cruel pour mon mari d'avoir à rappeler les désordres de sa nièce; mais il sentait la nécessité de rallumer la colère pour étouffer le remords. Le malheureux était excédé des combats que lui livraient des émotions toujours opposées. On voyait ce qu'il souffrait; on le plaignait; mais il fallait tout sacrifier à sa conscience : le plus grand des malheurs, pour un honnête homme est de n'oser plus descendre dans la sienne.

Ah! Claire, si j'avais pu être là, mon seul aspect lui eût fait oublier une femme méprisable; l'amour eût ramené le calme dans son cœur, et la sérénité sur son front; mais je ne peux décemment reparaître à son hôtel; je le désirais cependant; je le désirais avec une force, qui m'a presque entraînée. J'ai combattu, j'ai vaincu, et je m'applaudis à présent et de ma résistance et de ma victoire.

Touché, au-delà de toute expression, de la délicatesse qui a dirigé M. d'Apremont à travers cette longue suite d'événemens, Jules s'est empressé de lui remettre les preuves de l'inconduite de sa femme, et ces lettres ont été brûlées à l'instant. On lui a fait sentir ensuite que les poursuites qu'il voulait commencer contre des Audrets, compromettraient essentiellement la mémoire de celle à qui il avait pardonné, et il a consenti a abandonner ce misérable à son sort.

M. d'Estouville l'a arraché de son hôtel, et l'a conduit dans le sien ; M. d'Apremont s'est chargé d'ordonner la pompe funèbre. L'infortuné est décidé à sortir de Paris, où tout lui retracerait des souvenirs affreux. Il ira, dit-il, demeurer à Velzac ; il fermera les yeux de M. et de madame de Méran. Ah ! je le devine, Claire : il croira retrouver auprès de mes parens quelque chose de moi. Ils lui ont refusé ma main ; mais son intérêt seul les a portés à l'éloigner. Ils ont conservé pour lui le plus tendre attachement ; il reviendra près d'eux, aux sentimens doux, et il jonchera de fleurs leurs derniers pas.

Ils parleront de la pauvre Adèle ; ils la plaindront quelquefois ; ils l'aimeront toujours.

M. d'Estouville, en mariant son neveu, lui a donné cent mille livres de rente. Cette fortune lui reste, et je suis sûre qu'il en fera le plus noble emploi. Le bien de madame de Courcelles, morte sans enfans, revient à son oncle, qui m'a tout donné en m'épousant. Ainsi il est vraisemblable que je serai l'héritière de celle qui m'a ôté plus que la vie. Jeux bizarres de la fortune !

Jamais je ne mettrai le pied sur un champ qui aura appartenu à mademoiselle d'Apremont. Je me déferai de ces biens; j'en aiderai l'honnête indigence : ce sera en épurer la source.

Quel jour ai-je osé prévoir? Ah! Claire, y penser, c'est être coupable. Mais l'idée de Jules libre ne devait-elle pas me replier sur moi-même, et comment, lorsque je médite, arrêter mon imagination? Non, je ne forme aucun vœu, le ciel m'en est témoin. Qu'il conserve l'homme respectable auquel il m'a donné; qu'il rende le repos à mon cœur; qu'il y fasse régner enfin celui qui le mérite à tant de titres.

Est-ce bien là ce que je veux?.... Ce pauvre cœur est l'image du chaos; je n'y démêle plus rien. Claire, prends pitié de moi.

Notre départ pour Champville est fixé à demain. M. d'Apremont m'a demandé si je permettrais à Jules de venir prendre congé de moi. Je lui ai répondu franchement que cette entrevue serait douloureuse pour tous deux, et qu'elle pourrait entraîner de graves inconvéniens. Attendait-il cette réponse ? Je ne sais ; mais elle lui a causé une vive satisfaction, et il n'a pu me la cacher.

En effet, Claire, pourquoi le reverrais-je ? Pour m'attendrir sur ses malheurs ; pour contempler avec amertume cette main qui est redevenue la sienne ; pour chercher du poison dans ses yeux ; pour regretter plus fortement d'en être séparée ; pour acquérir la triste certitude qu'il continue de partager mes souffrances.... Non, non, il est temps de ne plus rien accorder qu'au devoir.

Jérôme a couru une partie de la journée, pour acheter des bagatelles que nous ne pourrions nous procurer à Champville. En traversant le Pont-Neuf, il a reconnu des Audrets dans un cabriolet de place. Sans doute, il a fait tout ce qu'on avait exigé de lui, et il a recouvré sa liberté. Rendre cet homme à lui-même, c'est faciliter de nouveaux crimes. Que d'autres que nous appellent sur sa tête des vengeances déjà trop méritées.

Jeannette n'est pas sortie de l'hôtel depuis qu'on me l'a rendue. La bonne jeune femme se serait reproché de n'être pas toujours à portée de me secourir, pendant cette longue suite d'orages. Elle vient de s'ouvrir à moi, vaincue enfin par la nécessité. Elle touche presque au moment d'être mère, et je ne m'en étais presque pas doutée. L'excellente créature a poussé la délicatesse jusqu'à me dérober sa joie, bien légitime sans doute, mais qui eût fait une blessure de plus à mon cœur. Jamais elle n'a paru devant moi, que vêtue de manière à me cacher son état. Mais nous allons sortir de Paris, et elle n'a pu se procurer encore la moindre des choses qui lui sont nécessaires. Elle me demande deux heures ; elle me les demande comme une grâce! Ah! qu'elle pourvoie aux besoins de l'amour et de la nature. Qu'elle choisisse, qu'elle prenne; je paierai tout. Puis-je faire un plus digne usage de mon argent? Gorgée d'or, je n'ai pas eu encore un moment heureux. Je goûterai du moins le plaisir de faire du bien à une femme que j'aime, et si je ne peux m'acquitter de tout ce que je lui dois, elle saura que je suis reconnaissante.

Jeannette va être mère! Et le ciel me refuse cette faveur! L'enfant que j'aurais donné à mon mari eût été un intermédiaire tout puissant entre lui et moi; il m'eût attirée vers son père; il eût fini par me le rendre cher: L'amour maternel doit suffire pour remplir un cœur; j'aurais pu enfin aimer sans remords. Mon Dieu, qui m'ordonnez de combattre, accordez-moi donc la seule arme qui puisse me rendre victorieuse.

Les voitures sont prêtes. M. d'Apremont a la bonté de me demander si je suis bien sûre de ne pas regretter Paris; si la vie uniforme que je vais mener ne sera pas désagréable à une femme de mon âge? Il m'assure qu'il me verrait sans peine goûter les plaisirs qu'offre une grande ville; il ajoute qu'il est encore temps de me prononcer, et qu'il est disposé à renvoyer les chevaux de poste. Que ferais-je à Paris, où tu n'es plus, Claire, et dont Jules va s'éloigner? Je n'y trouverais qu'un désert, et je préfère celui où M. d'Apremont sera témoin de mes actions, même les plus indifférentes. Je le remercie avec le ton de la sensibilité la plus vraie; je lui proteste que je veux lui consacrer ma vie, et justifier les bontés dont il me comble à chaque instant. Il me présente la main; nous montons en voiture.

Je ne te peindrai pas ce que j'ai éprouvé en sortant de cette ville, où Jules est encore. Rappelle-toi ce que je t'ai écrit, après avoir tourné les murs de Paris, en allant d'Argentan à Velzac : les mêmes circonstances ramènent nécessairement les mêmes sensations.

La route s'est faite sans gaîté et sans mélancolie. Je pensais beaucoup, et je tâchais de tourner mes réflexions à mon avantage : je faisais l'énumération des qualités du seul homme que je verrai désormais ; je lui en cherchais en vain de nouvelles ; j'étais forcée de convenir qu'il les a toutes. Il y a eu des momens où ma vanité a joui ; mon cœur est resté froid.

Le château de Champville est assez beau ; le parc est superbe. Je suis insensible à tout cela. J'erre dans les appartemens, dans les bosquets, sans rien voir. Je crois que je cherche quelque chose, et je sais cependant que ce que je cherche n'y est point.... Plus de maronnier, plus de chiffre...... non, il n'y en a plus.

Les domestiques que des Audrets a

envoyés ici, pour m'entourer à Paris de ses affidés, ignorent ce qui s'y est passé. Ils étaient impatiens d'en avoir des nouvelles, et inquiets de les trop attendre. Le moment de notre arrivée a été une fête pour eux. Ils m'ont comblée des marques de leur attachement. Je leur ai fait du bien à tous, et j'en reçois la récompense.

J'ai trouvé à une des extrémités du parc une grotte en rocailles. Elle est couronnée de verdure; à l'entrée est un gazon émaillé de fleurs. Là, mes méditations ne sont interrompues que par le chant des oiseaux ; mais lorsque je les écoute, des idées pénibles viennent m'assaillir : ils sont étrangers à tout ce que nous appelons des besoins; l'ambition, l'orgueil, l'avarice, le luxe, passions factices, qui troublent le monde, n'ont point d'accès auprès d'eux. Ils aiment, ils le font entendre; on ne leur oppose ni le rang, ni la pauvreté, ni cette fatigante prévoyance de l'avenir, qui empoisonne les jouissances de l'homme. L'objet de leur amour se rend, dès que le désir s'est fait entendre. Alors, plus de rivalités, plus d'infidélités à craindre ; le bec amoureux, qui se croise avec celui de sa compagne, n'a pas de baisers à effacer ; les petits, qui vont éclore, sont incontestablement les siens..... Heureux oiseaux !

M. d'Apremont semble respecter la retraite que j'ai adoptée. Il ne s'y présente que lorsque je l'y ai invité ; il y reste peu, et il ne m'adresse que des choses obligeantes. Sa conduite envers moi ne se dément jamais : il est toujours l'époux le plus prévenant, le plus obligeant, le plus sensible. Pourquoi ne l'ai-je pas connu trois ans plus tôt ? Il aurait eu tous mes vœux ; il eût été l'objet de toutes mes espérances ; il les eût réalisées. Je suis de bien bonne foi, Claire, en te parlant ainsi, et je vais te le prouver en te développant mon cœur, jusque dans ses replis les plus cachés.

Quand M. d'Apremont me quitte, je ne peux éviter les comparaisons, et elles ne sont pas à son avantage. La jeunesse, la beauté et l'amour sont du côté de Jules. Que puis-je opposer à cela? De l'estime? Elle est insuffisante; mon devoir? L'absence du danger me rassure; je crois pouvoir me livrer à tout mon amour, et, je le sens, il n'est pas d'amour sans désirs. J'appelle, j'invoque, je supplie Jules; je lui ouvre mes bras; je crois le presser sur mon sein; je lui donne, je reçois cent baisers de feu; la nature cède à la force de l'imagination; la rosée de l'amour...... Je reviens à moi, confuse, humiliée; je me promets de m'interdire ces écarts, et ma faiblesse m'y ramène malgré moi.

Les hommes n'ont rien à me reprocher, je le sais; mais ma conscience est là, et je suis coupable devant elle.

Quelle différence y a-t-il réellement entre le crime matériel, et celui qu'on commet dans son cœur, auquel on s'abandonne avec transport, qu'on brûle sans cesse de répéter? Je vais te paraître plus condamnable encore; mais je n'aurai rien de caché pour toi : M. d'Apremont est heureux de mes caresses, et ce n'est point à lui que je les accorde : Jules me poursuit jusque dans ses bras; mes yeux se ferment, ma mémoire me sert, l'illusion naît, bientôt elle est complète. Mon mari croit que j'ai épuisé avec lui ce que la volupté a de délices, et c'est mon amant que j'ai couronné de roses et de myrtes.

Ce déplorable égarement ne doit pas durer; j'y mettrai un terme. Je ne renoncerai pas à ma grotte; mais Jeannette m'y accompagnera, et je lui devrai d'heureuses distractions. Je me ferai des occupations sérieuses et utiles. On m'a donné des talens agréables, et on m'a enseigné ces petits ouvrages, qu'on croit trop généralement propres à remplir le vide de nos journées. Les arts échauffent le cœur; les travaux des femmes n'occupent que leurs doigts, et c'est à mes sens que je veux échapper. J'ai abandonné le chant; je prendrai des livres; j'en lirai d'intéressans d'abord, pour contracter l'habitude de la lecture. Je passerai ensuite à des ouvrages qui m'instruiront, en m'ornant l'esprit.

Le curé est le seul homme qu'on puisse recevoir ici. Il est d'un âge mûr; sa gaîté est inaltérable, sans doute parce que son âme est pure. Il a dans l'esprit une teinte d'originalité, qui amuse M. d'Apremont, et qui lui sert à développer, sans pédantisme, une érudition assez étendue. Il donne volontiers dans les systèmes, comme tous ceux qui ont l'imagination ardente, et le piquant du coloris fait passer des choses, qui peut-être ne sont que paradoxales. C'est ainsi que je l'ai jugé dans les deux visites qu'il nous a faites, et c'est lui que je choisirai pour me diriger dans mes études. Ma confiance ne s'étendra pas plus loin. Je trouverai en lui le remède; mais il ignorera toujours le mal qu'il aura traité, et qu'il guérira, je l'espère. Il est des choses qu'une femme ne doit avouer à aucun homme, quelque respectable que soit sa profession. Jules lui-même ignorera toujours la faiblesse que je viens de te confier, et tu es la seule au monde à qui j'en pouvais faire l'aveu.

Je quitte M. d'Apremont. Je lui ai communiqué mon nouveau plan de vie, et je lui ai demandé son approbation. « Vous voulez, m'a-t-il dit, joindre la « culture de l'esprit à des qualités émi- « nentes, aux talens, et à tous les char- « mes qui séduisent, subjuguent, en- « traînent. Remplissez votre destinée : « soyez la première des femmes. » La première des femmes ! Ces mots ont retenti dans mon cœur; ils l'ont froissé. La première des femmes ! Heureuse encore celle qui se repent, qui s'accuse, qui veut sincèrement se corriger, et se rendre digne de l'estime de son mari !

Un homme tel que M. d'Apremont ne devait pas se borner à un simple acquiescement. Il est dans son goût, comme dans ses habitudes, de prévenir mes désirs, quand il peut les connaître. Il s'est puni de son peu de pénétration, en s'empressant de lever les difficultés que le bon curé aurait pu lui opposer. Il est allé le trouver; il s'est informé de ce que vaut sa cure, et de quelle manière il vit. Le curé est pauvre; ils le sont presque tous. Cependant il a soin d'une vieille domestique, qui ne peut guère à présent que prier pour son bon maître, et il aide les indigens de la paroisse.

Son dîner était servi; c'était un petit

morceau de lard, presque caché dans une assiette de choux. « M. le curé, lui « a dit M. d'Apremont, vous m'excuse- « rez, en faveur des embarras que m'a « causé mon établissement ici, si je ne « suis pas venu plutôt remplir un de- « voir de paroissien, et pour faire ma « paix avec vous, je viens sans façon « vous demander à dîner. » Claire, ce trait m'a paru sublime, et quand le curé me l'a raconté, j'ai embrassé M. d'Apremont, en répandant des larmes d'admiration et de tendresse.

La proposition de mon mari a interdit le bon prêtre. Il a rougi; il a balbutié... « M. le curé, les apôtres mangeaient ce « qu'ils trouvaient, et je ne dois pas « être plus difficile qu'eux. Ne me re- « fusez pas ce que je vous demande, si « vous ne voulez que, comme eux, je « secoue, en sortant de chez vous, la « poussière de mes souliers. » La citation a fait rire le curé. Il a appelé Marguerite. Marguerite est venue, clopin-clopant, apporter la serviette blanche. On s'est mis à table, et au morceau de lard ont succédé des œufs et d'excellent beurre frais. « Voilà de l'extraordinaire, « M. le curé. — J'en conviens, M. le « comte; mais on ne reçoit pas tous les « jours son seigneur, et si vous me per- « mettez de citer à mon tour, il est « écrit : rendez à César ce qui appar- « tient à César. »

Ce dîner, si frugal, a cependant été très-gai, ce qui prouve que la gaîté ne vient pas de la cuisine. Elle n'est pas non plus à la cave, car le vin du curé est dé- testable. Les convives doivent l'appor- ter avec eux; mais les affaires, les pas- sions, les soucis se mettent à table avec nous, et rien n'est si triste qu'un grand dîner.

« M. le curé, vous donnez à vos pau- « vres la moitié de ce que vous rapporte « votre cure. — Oui, monsieur. — Et

« vous ne pouvez leur donner que six
« cents francs? — Pas davantage. — Si
« les indigens du village recevaient le
« double... — Il n'y aurait plus de pau-
« vres ici, parce qu'il n'y a pas de pa-
« resseux. Ce que je leur donne les
« empêche de mourir ; mais si je pro-
« curais des outils à celui-ci, quelques
« avances à celui-là, ces bonnes gens
« gagneraient leur vie. — Ecoutez-moi,
« M. le curé. Il y a au château une cha-
« pelle, où les propriétaires, mes pré-
« décesseurs, faisaient célébrer la messe
« tous les dimanches : je rétablirai cet
« usage. Il y aura quelques formalités à
« remplir, je le sais; j'arrangerai cela
« avec M. l'évêque.

« Madame d'Apremont sent qu'une
« femme raisonnable doit s'occuper
« d'autre chose que de broderie et de
« romances. J'ai reçu l'éducation qui
« convient à un homme du monde, et
« j'avoue franchement que je suis inca-

« pable de diriger les études d'une
« femme d'esprit, qui a déjà acquis
« quelques connaissances. Voulez-vous
« prendre cette peine-là? Douze cents
« francs, ma table, et un logement con-
« venable vous paraissent-ils un dédom-
« magement proportionné au surcroît
« de travail que j'attends de vous? —
« C'est beaucoup, c'est beaucoup, M. le
« comte. — Pour vous, peut-être; c'est
« peu pour moi. — Mais ma bonne
« Marguerite.... — Elle prendra soin du
« presbytère, et mon maître-d'hôtel
« aura soin d'elle. — J'accepte, M. le
« comte, avec une joie, une reconnais-
« sance!... — La reconnaisance ne sau-
« rait être de votre côté; c'est le juste
« tribut que vous offrira un jour ma-
« dame d'Apremont. »

Mon mari lui a laissé un quartier de sa pension, et il n'était pas à cent toises du presbytère, que déjà le bon curé trottait par le village, et distribuait l'argent qu'il venait de recevoir. Il s'est rendu ensuite au château. La satisfaction brillait dans ses yeux ; le sourire était sur ses lèvres. Un instant après, une douzaine de malheureux sont entrés dans les cours, et ont demandé à parler à M. le comte. On les a admis, et ils lui ont adressé les plus vifs remercîmens au sujet des douze cents livres qu'il veut bien accorder par an aux pauvres de la paroisse. M. d'Apremont a embrassé le curé. « On ne doit « pas faire de conditions avec un homme « tel que vous, lui a-t-il dit. Vous tire- « rez à l'avenir sur moi, et je ferai hon- « neur à vos engagemens. »

La soutane du curé a une pièce au coude. Mais là-dessous est un bon cœur : cela ne se trouve pas toujours sous un habit brodé.

Le curé n'est pas universel ; je ne le crois pas même très-profond dans certaines parties; mais il sait beaucoup plus que peut apprendre une femme, qui ne veut pas consacrer sa vie à l'étude. Nous avons passé la soirée à faire un état des livres qui me sont nécessaires.

Le curé est gai avec esprit ; sa piété n'a rien qui sente l'affectation ; sa morale est douce et insinuante. Il éloigne la conversation de tout ce qui nous est personnel à M. d'Apremont et à moi. Je prévois avec plaisir qu'il ne s'immiscera jamais dans nos affaires intérieures, et qu'il n'aura pas la ridicule prétention de nous diriger.

Depuis quatre jours qu'il est avec nous, je ne lui ai reconnu qu'un travers, et qui n'en a point? Il a la manie d'écrire ; il vise à l'originalité, et il attache de l'importance aux opuscules qui s'échappent de sa plume. Sa sollicitude ne se borne pas aux limites de sa paroisse ; ses vues s'étendent fort au-delà : il se permet de donner des avis au gouvernement. Il vient de finir un mémoire sur les moyens de payer la dette publique, en réduisant les impôts existans. Ce mémoire m'a fait rire ; c'est peut-être le seul effet qu'il produira. Mais le rire devient rare, et on doit de la reconnaissance à celui qui nous y ramène. Je vais te transcrire cette petite pièce. Elle te donnera une idée de la tournure d'esprit de mon instituteur.

Mémoire sur les moyens de payer la dette publique, en réduisant les impôts existans.

Il y a vingt-cinq ans que je propage l'esprit évangélique et que j'absous les péchés. L'absolution ne corrige pas le pécheur, et les pénitences auxquelles je le soumets, très-agréables au ciel sans doute, sont sans fruit pour l'état. Pourquoi *n'utiliserait*-on pas les faiblesses humaines, puisqu'on ne peut les extirpir ? On ne redresse pas un arbre tortu ;

mais on parvient à en tirer de bons fruits.

J'ai remarqué que le péché dominant et presque universel, est celui de l'orgueil. J'entends les hommes parler de tout d'un ton avantageux, et souvent de ce qu'ils n'entendent pas. Ils s'occupent aujourd'hui des finances, et ils comblent le *déficit* avec une étonnante facilité. Les ministres seuls sont dans l'embarras. Ils se fatiguent envain à chercher de nouvelles ressources. La masse des impôts ne leur paraît pas susceptible d'être augmentée; et en effet à quoi s'attacherait le fisc, lorsque je ne peux respirer, sans payer, que dans la rue ?

Cette difficulté, qui paraît insurmontable, est pour moi très-facile à détruire. L'orgueil, messieurs, l'orgueil! c'est lui qu'il faut imposer; c'est lui qui deviendra pour vous une source inépuisable. Mais comment imposer l'orgueil ? Je vais vous le dire, messieurs, car il ne suffit pas d'établir un principe, il faut le développer, le diviser, le subdiviser, rendre enfin ses idées tellement palpables, que l'entendement le plus obtus les sente, les saisisse et les adopte.

Pourquoi ce jeune homme est-il flatté d'avoir un cheval fringant et richement enharnaché ? Parce qu'il a de l'orgueil. Pourquoi aime-t-il à piaffer dans les rues et dans les promenades publiques ? Parce qu'il a de l'orgueil. Qui jouit, lorsqu'une belle dame applaudit à son adresse et paraît touchée de ses graces ? Son orgueil. Il y a en France vingt mille jeunes gens, qui aiment à piaffer et à recueillir les suffrages des belles dames. Leurs confesseurs leur font dire des *miserere* et le vendredi-saint même, ils courent caracoler à Long-Champ. Puisque le péché d'orgueil a pour eux tant d'attraits, ils ne balanceront pas à payer, par année, cent francs à l'état. Or vingt mille fois cent francs, font deux millions.

Le vieillard impotent, qui se fait traîner dans un cabriolet, ou dans un carrosse, paraît céder à la nécessité ; mais il regarde avec dédain le pauvre piéton qu'il éclabousse; voilà de l'orgueil. Le jeune homme, à qui la nature fait sentir le besoin impérieux de se servir de ses membres, et qui monte dans un carrosse, ne se juche là que par orgueil. La petite femme, qui ne peut se déterminer à crotter sa chemise brodée et ses souliers de taffetas blanc, semble n'avoir une voiture que par esprit d'économie. Mais comme c'est par orgueil qu'elle fait broder le bas de sa chemise et qu'elle a des souliers blancs, elle sera, ainsi que les autres, soumise à mon impôt.

J'estime qu'il y a en France soixante mille cabriolets de toute espèce, en y comprenant la carriole d'osier, qui, pour la grosse fermière, est un objet de luxe et par conséquent d'orgueil. Je les taxe à vingt-cinq fr., et ils me rendent deux millions quatre cent mille livres.

Je crois que les carrosses sont aux cabriolets ce qu'un est à quatre. Quand on nourrit un cocher, un laquais, un cuisinier, une femme de chambre et trois chevaux, tous animaux de luxe et d'orgueil, puisqu'il y a superflu, on peut, sans se plaindre, payer quatre cents fr. au trésor public. Or, quinze mille carrosses, imposés à ce taux, rendent six millions.

Pourquoi cet adolescent soigne-t-il sa personne ? C'est parce qu'il se croit joli garçon. Pourquoi se croit-il joli garçon ? C'est parce qu'il a de l'orgueil. Nous avons en France à peu près quatre millions d'adolescens. L'orgueil d'un quart de ces jouvenceaux est fondé, et par conséquent incorrigible : il est incontestable que ce quart doit être sujet à l'impôt. Viennent ensuite les épaules inégales, les jambes grêles, torses, grasses, les jambes de bois, les manches d'habit dans lesquelles il n'y a que du vent, ce qui n'empêche pas qu'on se trouve fort bien pour un bossu, un boiteux, un manchot. Orgueil, orgueil! Et cet orgueil, plus impardonnable que celui des premiers, ne mérite pas de pitié. Je frappe indistinctement sur les uns et sur les autres. J'établis dans chaque ville un bureau où on délivre des brevets de *joli garçon*, à tous ceux qui veulent en prendre. Comme il convient que le gouvernement s'occupe du perfectionnement de l'espèce, nul ne sera admis à se marier, s'il n'est porteur d'un brevet de *joli garçon*. Les petites filles auront peut-être de la peine à trouver un homme gentil, en vertu de son brevet. Mais comme il y a du choix, et qu'on ne contraint personne, elles continueront à prendre qui bon leur semblera.

Tous les jeunes gens, sans exception, sentiront l'avantage d'un pareil brevet, dont, cinquante ans après, personne ne contestera la vérité. Ils jouiront d'avance du plaisir de le faire voir à leurs petits enfans, et ils accourront à mon bureau. J'entends que le pauvre puisse profiter, ainsi que le riche, d'un bien qui doit être commun à tous ; je fais bon marché de mes brevets, et chacun aura le droit d'être *joli garçon* pour la bagatelle de cinquante francs. Nous comptons quatre millions d'adolescens ; je les multiplie par cinquante, et je trouve ici deux cents millions.

J'imposerais volontiers les jolies filles, et celles à qui on soupçonne des prétentions à la beauté. Mais les femmes m'ont dit à l'oreille, et je dois les en croire, que pas une laide s'imagine être jolie, et que celles qui le sont ne font aucun cas de leurs charmes. D'ailleurs la retenue édifiante du sexe ne permettrait à aucun des individus qui le composent de se présenter publiquement à mon bureau. Ainsi, d'une main, je fais remise aux dames de deux cents millions, que, de l'autre, je leur reprendrai bientôt avec les intérêts.

Et les célibataires, messieurs, les célibataires ! que dirai-je de cette classe inutile et parasite, véritable fardeau du globe? Il est écrit : quand un arbre ne porte pas de fruit, il faut le couper et le jeter au feu. Je ne désire pas qu'on coupe les célibataires; mais je veux qu'ils payent. Je ne compte point parmi eux les vieilles filles, qui ne sont vierges que parcequ'elles n'ont pu faire autrement. Je ne parle pas non plus des artisans. Ceux-là se marient tous, parce qu'il leur faut une femme, qui leur fasse la soupe et des enfans, et qui se laisse battre le dimanche et le lundi. Je traduis à mon bureau ces libertins opulens et orgueilleux, qui croient honorer leurs amis en s'en faisant les coadjuteurs, et leurs femmes en daignant festoyer leurs appas. J'en détermine le nombre à cinquante mille, et ce n'est pas trop. Je les taxe à mille écus, et mille écus multipliés par cinquante mille, font juste cent cinquante millions.

Revenons aux femmes, messieurs. J'y ai renoncé de la manière la plus authentique. Mais j'aime à en parler, et il n'y a pas de péché à cela. Elles ne font aucun cas de la beauté, et cela est certain, puisqu'elles le disent. Mais elles ont un cœur, et ce cœur n'est pas de bronze. Semblables, en général, à Madeleine pécheresse, puissent-elles l'imiter dans sa pénitence ; c'est ce dont je doute un peu. En attendant, je les divise en quatre classes.

Première. Les filles et femmes vertueuses. Il y en a, et même de jolies. Celles-ci ne payeront rien.

Deuxième. Les filles et femmes dites

du peuple, qui ont l'orgueil d'appartenir à de bons bourgeois, et qui se donnent pour le schall à palmes et la robe de levantine.

Troisième. Les filles et femmes d'une classe plus relevée, qui ont l'orgueil de s'allier aux plus illustres familles, et qui aiment beaucoup les diamans et un équipage.

Quatrième. Les femmes faibles, mais décentes, qui ne donnent et ne reçoivent rien, mais qui veulent avoir du plaisir, et qui ont l'orgueil de prétendre aux honneurs de la vertu.

Je vous vois venir, messieurs les critiques. Vous m'allez demander comment je reconnaîtrai les femmes non sujettes à l'impôt, et comment je m'y prendrai pour imposer les autres. Je répondrai à tout et d'une manière péremptoire.

Je comprends dans les filles et femmes de la seconde classe toutes celles qui travaillent à vingt sous par jour, qui vont au bal deux fois la semaine, et qui portent sur elles une valeur qu'elles gagnent à peine dans leur année. Elles reçoivent nécessairement un supplément de salaire, et nous savons d'où et pourquoi vient ce supplément-là.

Les filles et les femmes, dont les pères et les maris ont un revenu de trois mille à dix mille francs, et qui nous éblouissent par leur luxe, plus encore que par leur beauté, sont rangées de droit dans la troisième classe.

Comme il est dû un dédommagement honorifique aux femmes qui font abnégation d'elles-mêmes, au point de s'imposer les plus rigoureuses privations, celles qui ne se refusent rien seront marquées d'un signe d'infamie. Il sera établi des inquisiteurs chargés d'inscrire sur leurs registres les filles et les femmes dont la dépense excède les moyens d'existence connus. Toutes, sans exception, seront tenues de porter une fleur jaune à leur bonnet, ou à leur chapeau.

Mais comme ces fleurs jaunes pourraient causer du scandale dans les rues, dans les promenades, aux spectacles, et surtout sur la tête de telle jolie demoiselle qui joue Nanine ou Paméla ; que des avanies pourraient être la suite dudit scandale, que les passans prendraient inévitablement parti pour ou contre, ce qui finirait par amener une guerre civile à coups de poing et de bâton, que d'ailleurs on doit indulgence au pécheur, soit qu'il s'amende ou non, on sera dispensé de porter la fleur jaune, en payant une contribution, réglée ainsi que je vous le dirai tout à l'heure.

Vous sentez que le vieux artisan, qui promène à son bras la grisette, qu'on prend pour sa fille ; que le commis, qui se cache dans une guinguette, avec une femme, qu'on prend pour la sienne; que M. le marquis, M. le comte, M. le duc, qui ont l'air d'être en bonne fortune, auront pour la fleur jaune un éloignement invincible. Une parure de diamans n'empêcherait pas celle qui la porte de porter aussi l'uniforme des demoiselles qui font chut, chut, de leur fenêtre, ou au coin de la rue, et l'orgueil de ces messieurs serait justement blessé de la comparaison, car enfin on tient au vice, mais on ne veut pas que sa maîtresse en soit l'enseigne. Ils s'empresseront de payer pour paraître avoir des femmes qui valent quelque chose, et je trouve à la fois et contribuables et cautions, avantage dont le gouvernement n'a pas joui jusqu'à ce jour.

Je crois pouvoir compter, sans exagération, deux millions de femmes de la seconde classe. Je ne leur demande que la modique somme de vingt-cinq francs par an, et je trouve d'un coup de plume cinquante millions.

Les femmes de la troisième classe, beaucoup plus opulentes, payeront plus cher par cette raison. J'en porte le nombre à cinquante mille. Je les taxe, par an, à quinze cents francs, et je tire soixante-quinze millions de nos grands seigneurs, de nos financiers, et de nos gros propriétaires.

J'arrive à la quatrième classe, et c'est à celle-là qu'on m'attend. En effet, par où joindre, et comment attaquer des femmes qui se respectent, qui s'enveloppent des voiles du mystère, qui observent rigoureusement les bienséances? Le clergé seul peut remplir cette délicate fonction. Les méchans, qui ne peuvent juger de ces choses-là que par aperçu, prétendent que sur douze femmes, il y en a dix qui s'éloignent de la voie du salut, et je certifie, moi, après une longue expérience, et comparaison faite des bonnes et des mauvaises années, qu'il n'y en a que huit.

J'estime qu'il y a en France huit millions de femmes mariées. Je retranche de ce nombre celles qui ont passé quarante ans ; je réduis à six millions celles qui sont aptes à pécher, et je ne veux reconnaître que quatre millions de pécheresses. Très-exactes à remplir les pénitences que leur ont jusqu'ici imposé leurs confesseurs, elles le seront également à verser tous les ans entre leurs mains, et par douzièmes, la somme de cent cinquante francs, et quatre millions multipliés par cent cinquante font bien six cent millions.

« Et si elles ne versent pas, M. le
« curé, leur ferez-vous porter le bou-
« quet jaune ? — Une femme faible n'est
« pas méprisable ; mais si la femme fai-
« ble ne verse pas, elle n'aura point
« d'absolution. — Et si la femme faible

« ne va pas à confesse ? — J'ai établi mon
« calcul d'après le dénombrement des
« fidèles de chaque diocèse. — Et com-
« ment établirez-vous la comptabilité de
« cette foule de receveurs ? Qui les con-
« trôlera ? — Je conviens que lorsqu'une
« administration financière ne tient pas
« de registres ostensibles, il n'est pas pos-
« sible de la contrôler. Je sais aussi que
« des espèces, qui passent par autant de
« mains, doivent s'user insensiblement.
« Supposons, pour tout concilier, que
« messieurs les receveurs usent cent
« millions, il en restera cinq cents, et
« c'est encore fort joli. — Et si une par-
« tie de vos décentes pécheresses ne
« peut payer sa cotisation ? — On sur-
« chargera les plus riches, pour alléger
« les autres. — Je n'ai plus rien à dire.
« — Je le crois bien. »

Je passe maintenant à des objets d'un moindre rapport ; mais qui ne sont pas à dédaigner.

Un comédien qui lit, avec succès, au public, des vers qu'il n'a pas faits, s'identifie tellement avec l'auteur, qu'il a l'orgueil de se croire lui; et comment ne le croirait-il pas, lorsque son nom, placé sous le titre d'une pièce usée, suffit pour attirer la foule, et qu'on l'arrête à chaque vers pour l'applaudir? Les lois ajoutent encore à l'orgueil de l'acteur, et semblent le rendre légitime: il est une époque où M. le comédien devient l'héritier du poète, au préjudice de ses enfans, qui demanderont peut-être l'aumône à celui qui, pour savoir lire les vers de son père, touche vingt mille livres de part chaque année.

Il est très-juste qu'un excellent comédien soit estimé et bien payé; mais il est aussi injuste qu'il dépouille les enfans de l'auteur, qu'il serait extravagant à ceux-ci de dire aux enfans du comédien: c'est en lisant mon père que le vôtre a gagné ce qui est chez vous; ainsi tout cela m'appartient. Au reste, la loi existe, et il faut la respecter tant qu'elle existera. Mais il est permis d'en rappeler le *considérant*, et en voilà l'esprit : *Votre père a fait des vers; donc ils sont à moi.*

Il est peut-être permis encore de remarquer, en toute humilité, qu'il serait plus naturel que les enfans héritassent de leur père, et le gouvernement de Corneille, Racine, Molière et autres, dont personne ne réclame l'héritage.

Si le théâtre payait un droit d'auteur pour toutes les pièces sans exception; le public serait mieux servi. On lui donne sous une belle tragédie le *Florentin*, ou la *Coupe enchantée*, parce que La Fontaine ne touche plus de part d'auteur, attendu qu'il est mort. Mais selon le nouvel ordre de choses que j'établis, on donnera de préférence les ouvrages qui plaisent, et ce sont ordinairement les meilleurs : personne ne doute de cela.

Comptons avec messieurs les comédiens. Il y a en France cent et quelques troupes. Les honoraires des auteurs vivans vont à peu près à trois cent mille francs, et on joue, et pour cause, trois quarts, sur un, d'ouvrages qui ne paient pas. J'enrichis le trésor de neuf cent mille francs.

Ce marchand tient beaucoup au luxe de l'enseigne, et il a raison; cela attire les badauds. Mais ce marchand a l'orgueil de ne douter de rien, et il n'est pas même assez instruit pour s'apercevoir que cette enseigne présente autant de fautes que de mots, ce qui nous fait grand tort dans l'esprit des étrangers. Il faut que l'orgueil mercantile soit imposé comme les autres.

Nul ne pourra faire placer une enseigne, avant d'en avoir fait rectifier les platitudes écrites à un bureau institué à cet effet. Il est constant que moins une administration est dispendieuse, et plus il reste à la caisse : mon bureau ne coûtera rien du tout. Je le fais tenir par les grammairiens de l'Institut, qui seront enchantés de gagner enfin leurs honoraires.

Il y a incontestablement en France, six millions de marchands de toute espèce, et les enseignes doivent se renouveler au moins tous les six ans. Je me contente du droit modique de six francs par enseigne, et voilà encore six millions.

On disait autrefois d'un président au parlement : il a un bel état. On disait d'un maréchal de France : il a un état brillant. On disait d'un fermier-général : il tient un grand état. Le tailleur, le cordonnier, le porteur d'eau disaient modestement : mon métier. Aujourd'hui, tout le monde a l'orgueil de prétendre avoir un état, et il y a en France huit millions d'êtres, qui parlent sans cesse de leur état qu'ils n'ont point. Payez, orgueilleux, payez. Mais il n'est pas juste que l'orgueil du marchand d'eau soit taxé aussi haut que celui du marchand de vin, et pour être équitable envers tous, on formera des échelles de proportion. En attendant, j'impose à trois francs, l'un dans l'autre, mes huit millions d'hommes à *état*, et je trouve ici vingt-quatre millions.

J'aime à revenir sur le temps passé; c'est la critique la plus sûre et la plus impartiale du présent. Autrefois une boutique était une boutique, et un magasin un magasin. La boutique était le le lieu où on vendait en détail; le magasin était celui où on vendait en gros. Aujourd'hui l'orgueil ne veut plus de boutiques, et la plus petite mercière fait écrire sur la sienne : *magasin*. Il y a en France quatre millions de boutiques qui pourront passer pour des magasins, en payant chacune vingt-cinq francs. — Cent millions.

Le célèbre Rollin, avant d'être recteur de l'Université, s'honorait du titre de professeur de belles-lettres, et il honorait sa profession par son amour pour les sciences, son utilité et son désintéressement. Ses successeurs ont plus ou moins suivi, et suivent encore cet exemple. C'est de cette seule école que sont sortis les hommes qui ont illustré la France, et que doivent en sortir, peut-être, de nouveaux génies qui se mûrissent par l'étude. Du temps du bon Rollin, un maître en fait d'armes, un maître de danse, un maître de musique étaient appréciés à leur juste valeur, et ils se contentaient du titre modeste de *maître*. A présent, ces messieurs se font payer fort cher, courent les rues en cabriolet, et, prenant le suffrage de quel-

ques femmelettes pour l'opinion de toute
la France, ils se rangent orgueilleusement sur la ligne des Rollin. Parbleu,
vous payerez aussi, messieurs qui *démontrez*, qui ne professez point, et qui
voulez être professeurs. La folie humaine
a pu, sur toute la surface de la France,
vous multiplier jusqu'à cent mille; et à
cent francs par tête de *rigaudons*, de
gérésol et de *tirez droit*, vous me rendrez dix millions, et vous serez *professeurs* envers et contre tous.

Or, comme la meilleure manière de
prêcher est de prêcher d'exemple, moi,
qui ai l'orgueil de faire des projets, je
m'impose à cinquante francs.

Récapitulons maintenant la jolie petite masse dont je fais présent au trésor
public.

	fr.
Par messieurs les jeunes gens qui aiment à caracoler........	2,000,000

	fr.
D'autre part.	2,000,000
Par ceux et celles qui se procurent le petit plaisir d'éclabousser leur prochain avec leurs cabriolets.	2,400,000
Par ceux qui éclaboussent avec leurs carrosses.	6,000,000
Par messieurs les porteurs de brevets de *joli garçon*.	200,000,000
Par messieurs qui ne veulent point avoir de femmes à eux.	150,000,000
Par les dames de seconde classe.	50,000,000
Par les dames de troisième classe.	75,000,000
Par les dames de quatrième classe.	500,000,000
Par messieurs les représentans de Racine et de Molière, etc.	900,000
Par l'impôt sur les enseignes.	6,000,000
Par les messieurs et dames à *état*.	24,000,000
Par les messieurs et dames à *magasins*.	100,000,000
Par messieurs les *professeurs* de danse, musique, etc.	10,000,000
Par moi, *homme à projets*.	50
Total.	1,126,300,050

Si un seul des sept péchés capitaux

rapporte un milliard, cent vingt-six millions, trois cent mille cinquante francs, que rendraient les six autres, si on voulait les imposer! Les rues de Paris seraient pavées de lames d'argent.

FIN DU TROISIÈME VOLUME.

www.ingramcontent.com/pod-product-compliance
Lightning Source LLC
Chambersburg PA
CBHW050628170426
43200CB00008B/932